학교
자치
2

학교자치 2

2019년 11월 27일 초판 1쇄 발행
2023년 3월 1일 초판 3쇄 발행

지은이 | 김성천 · 김요섭 · 김인엽 · 김진화 · 김혁동 · 오수정 · 이경아 · 이영희 · 임재일 · 홍섭근
　　　　(교육정책디자인연구소)

펴낸이 | 이형세
책임편집 | 윤정기
편집 | 정지현
디자인 | 권빛나
펴낸곳 | 테크빌교육(주)
주소 | 서울시 강남구 연주로 551, 프라자빌딩 5층/8층
전화 | 02-3442-7783(333)
팩스 | 02-3442-7793
ISBN | 979-11-6346-067-1 03370

교육공동체가 함께 만들어가는
학교민주주의

학교
자치
2

김성천 · 김요섭 · 김인엽 · 김진화 · 김혁동 · 오수정 · 이경아 · 이영희 · 임재일 · 홍섭근
(교육정책디자인연구소)

테크빌교육

학교자치는 성찰과 회복, 실천의 과정이다

최근 학교에서 사건 사고가 터질 때마다 청와대 국민신문고나 교육부, 교육청에 민원을 제기하고, 언론에도 제보하는 모습을 종종 볼 수 있다. 물론 어떤 내용인가가 가장 중요하겠지만, 학교에서 발생하는 문제를 정책이나 제도로 해결하지 못하고 상급기관의 힘을 빌릴 수밖에 없는 지금의 현실이 안타깝다. 민원을 제기한 학부모나 학생들의 입장에서 생각해 보면, 학교 내부에는 그 문제를 개선할 내적인 힘이 없다고 판단했기 때문일 것이다. 언론에 제보해야 교육부와 교육청이 관심을 갖고 움직이고, 나아가 학교에 압박이나 지원을 해 줄 것이라는 생각에서 일어난 행동이다.

그럼 학교의 문제를 스스로 풀어 갈 수 있는 힘은 어디에서 나오는 것일까? 학교 현장에서 다양한 교육 주체가 서로 다른 생각을 가지고 상호작용을 하다 보면 갈등이 나타날 수 있는데, 학교는 그것을 해소할 수 있는 공간과 힘을 얼마나 가지고 있을까? 학생이나 학부모, 교원이 지닌 고민과 불만에 대해 학교 내부에서 주체별로 논의하고, 그 제안이 채택되는 경험을 얼마나 가져 봤을까? 이러한 성취 경험이 부족하기에 우리에게 학교자치는 아직 먼 길처럼 여겨진다.

'학교자치'는 사실 불완전한 용어이면서 상대적인 개념이다. 학교 예산과 인사, 조직 운영에 관한 실질적 권한을 학교가 갖고 있지 못한 상황에서 이 용어의 사용은 애초에 무리가 있다는 지적도 있다. 게다가 교육자치는 법적으로나 행정적으로 사용하는 공식적인 용어이지만, 학교자치는 법·제도에서 언급하고 있지 않다. 그럼에도 불구하고 학교자치라는 용어를 많이 사용하는 이유는 무엇일까? 우리 교육의 혁신을 위해서 교육자치 실현은 필수이고, 그 지향점으로서의 학교자치는 매우 중요하다. 학교자치는 '자치'와 '분권'이라는 속성을 내포하고 있어 민주주의 정신에 기반을 둔 실천 원리로 작용하기 때문이다.

학교자치의 상위 개념이라 할 수 있는 교육자치에 관한 논의의 층위는 매우 다양한데, 우선 교육부나 교육청의 권한을 교육지원청이나 학교로 가져오는 차원으로 이해할 수 있다. 또 중앙정부의 불필요한 규제나 하달되는 과도한 행정업무를 혁파하려는 관점에서 교육자치를 강조하기도 한다. 학교의 자율적인 교육활동을 제약하는 규제적 지침이나 학교 현장과 동떨어진 계획이나 사업 등을 폐지하거나 개선하는 데도 교육자치를 내세운다.

한편, 지방자치와 교육자치의 통합이 논의되기도 한다. 지방자치단체 입장에서는 전 세계적으로 교육자치와 지방자치가 분리된 사례가 드물다는 점에서 분리 체제의 비효율에 대해 끊임없이 문제를 제기해 왔다. 하지만 교육계에서는 교육의 전문성과 정치적 중립성 등을 내세우며 통합에 부정적인 입장을 밝혀 왔다. 최근에는 마을교육공동체나 혁신교육지구 사업 등을 통해서 협력하고 연계해서 상생하자는 실용적인 흐름이 나타나고 있다.

교육정책사의 흐름에서 보면, 해방 이후 미군정의 영향을 받아 교육자치 제도를 도입했으나 군부 독재의 장기 집권에 의해서 사실상 자치의 정신은 고사하였다. 강력한 중앙집권적 통치 시스템에서 자치와 분권의 가치가 자리 잡을 공간은 없었다. 지방자치도 시원찮은 판에 교육자치의 공간은 매우 좁았다. 우여곡절 끝에 1964년 지방교육행정을 일반행정기관으로부터 분리·독립하였고, 1991년 지방교육자치에 관한 법률이 시행되면서 교육자치의 모습을 서서히 정립하기 시작하였다. 이후 주민이 직접 뽑은 교육감의 등장으로 교육자치는 본격적으로 꽃피우기 시작했다. 학교 자율화 역시 교육자치의 흐름으로 볼 수 있으나, 근본적으로는 정책 실패를 극복하기 위한 전략의 일환으로, 자율성을 부여하면서 책무성을 확인하려는 신공공관리론의 관점으로 해석할 수 있다. 그러다 보니 학교 자율화는 자치와 분권의 철학을 가졌다기보다는, 시혜적 관점 내지는 부분적 접근을 했다고 봐야 한다.

이처럼 교육자치의 층위가 복잡한 이유는 교육부와 교육청, 시·도 의회, 국회, 지방자치단체, 학교 등의 이해관계가 복잡하게 결합되어 있기 때문이다. 그런 점에서 교육자치의 지향점을 학교자치로 세우지 않으면, 자치와 분권의 철학은 사라진 채 가치와 철학의 누수 현상 내지는 배달 사고가 발생하면서 복잡한 이해관계만 드러내고, 의사결정의 비효율만 심화될 수 있다.

교육자치는 민주주의에 대한 신념을 기본으로 한다. 민주주의는 역사적으로 자유주의와 공화주의의 전통이 결합된 것이다. 자유주의는 국가로부터 억압받는 개인의 권리 보장에 방점을 찍는다. 절대왕정으로부터 개인의 권리, 정확히는 부르주아의 재산권을 지키려 했던 투쟁의 과정이 그것을 보여 준다. 이러한 자유주의의 가치는 한국 사회에서 소중하다. 한편, 프랑스의 정치학자 토크빌(Alexis de Tocqueville, 1805~1859)은 미국의 민주주의를 견학하면서 신선한 충격을 받았다. 연방정부 체제는 분권과 자치가 작동하는 시스템이었기 때문이다. 그리고 타운홀 미팅을 통해서 주민들이 일상 문제를 논의하고 참여하는 모습을 보면서 공화주의 가치를 지닌 깨어 있는 시민의 중요성을 자각한다.

자율이 방임으로 흐르지 않는, 사사로운 이익을 넘어 공동체의 이익을 담보할 수 있는 시스템을 사상가들은 오래전부터 고민해 왔다. 깨어 있는 시민의 힘을 어떻게 보장할 것인가? 절대 권력을 견제할 수 있는,

즉 견제와 균형의 원리를 보장할 수 있는 시스템은 무엇인가? 이러한 민주주의 사상가들의 고민은 우리가 안고 있는 학교자치에 대한 고민과 근본적으로 다르지 않다.

　많은 이들이 교육자치와 학교자치를 논할 때 강력한 힘을 가진 '누군가로부터의 자치'를 말한다. 그래서 항상 교육부와 교육청 같은 상급기관은 교육자치를 저해하는 원흉이 되고는 한다. 하지만 학교자치는 누군가로부터의 자치이기도 하지만, '무엇을 위한 자치'인가도 치열하게 고민해야 한다. 상급기관의 불필요한 규제와 지침을 없애야 한다는 요구는 전자로 이해할 수 있고, 국가로부터 주어진 교육과정이 아닌 '교육 주체가 함께 만들어 가는 교육과정의 실현', '교육 3주체의 행복', '학교 현장에서의 민주주의 실현' 등의 논의는 후자로 이해할 수 있다. 이 책은 두 가지를 함께 다루고 있다.

　학교자치는 기본적으로 성찰과 반성을 전제한다. 중앙정부 체제에서는 교육부와 교육청에게 책임을 물으면 충분했다. 하지만 분권과 자치 체제에서는 학교의 책임, 더 정확히는 교육 주체의 책임도 함께 이야기해야 한다. 여기에서 우리는 학교자치의 양가성 내지는 딜레마를 경험하게 된다. 취지와 비전에는 동의하지만, 각자의 삶에서 지불해야 할 비용도 감당해야 하는 것이다. 학교자치는 누군가가 결정하고 그들이 책임을 지는 소수의 의사결정 구조에서 탈피하여, 함께 결정하고, 함께 책임지는 공동체 의사결정 구조로의 변환을 의미한다.

"글쎄요, 교육부의 엘리트들도 하지 못하는 일을 교육자치와 학교자치라는 이름으로 지역 교육청과 학교가 감당할 수 있을까요? 아직 시기상조 아닐까요?"

"교육자치나 학교자치의 열매는 누리고 싶지만, 그 과정에 참여하고 싶지는 않아요."

"지금도 각종 행정업무로 바쁜데, 언제 논의하고 회의를 하죠? 그냥 윗선에서 결정하면 그대로 따를게요."

"작년 문서 보고 계획안을 짜면 될 텐데, 굳이 각 교육 주체의 의견을 수렴할 필요가 있을까요?"

"국가가 정한 교육과정과 교과서를 가지고 가르치면 되는데, 교육과정 재구성은 무슨!"

"미성숙한 학생들이 뭘 안다고 학교의 의사결정 과정에 참여합니까?"

"학부모들은 자기 아이만 바라봅니다. 그들의 이기적인 요구에 학교는 버틸 힘이 없어요."

"학부모는 학교가 필요할 때만 부르는 소모품인가요? 학교의 교육 방향과 비전, 운영에 대해 논의할 수 있는 공간을 왜 열지 않습니까?"

"학생과 학부모는 고교학점제에 대해서 찬성하는데, 교사들은 가르쳐야 할 과목 수가 늘어난다고 반대하네요."

"국가직 공무원이라는 이유로 순환근무제를 유지하다 보니 1, 2년도 안 되서 교사들이 근무 환경이 좋은 곳으로 나갈 생각만 해요."

우리 학교 현장의 한 단면이다. 이런 점에서 학교자치는 권한의 이양을 넘어서, 학교 구성원과 교육공동체가 교육을 어떻게 바라보고 실천할 것인가에 대한 문제이기도 하다. 이 책의 저자들은 이러한 질문에 대해서 나름의 대답을 제시하고 있다.

또한 학교자치는 당위성만으로는 설명되지 않고 구동되지도 않는다. 학교 현장의 문화적 상황과 각 교육 주체의 자치 역량, 그리고 제도적인 뒷받침이 조화를 이룰 때 학교자치의 시대를 열 수 있다. 따라서 이 책은 학교자치가 제대로 작동하기 위한 정책과 제도, 교육 주체가 갖추어야 할 자치 역량, 교육행정기관의 역할에 대해서 함께 이야기한다.

학교자치에 관한 상상력의 지평을 넓혀 보자. 누가 우리 학교의 교장이 되고, 어떤 교사를 초빙할 것인가에 대해 학교 구성원이 함께 논의할 수는 없을까? 교육 3주체가 학교 교육과정과 교칙 제·개정, 학교 운영등 에 대해 함께 학습하고 논의하면서 더 좋은 길을 찾아갈 수는 없을까? 교육자치와 지방자치가 칸막이 행정을 깨고, 더욱더 긴밀하게 협력하고 연계할 수는 없을까? 국가는 교육과정의 방향과 비전을 제시하고, 지역사회와 학교단위에서 그 내용을 채울 수는 없을까? 교육지원청이 학교를 얼마나 잘 지원하는지 평가할 수는 없을까? 학생과 교원, 학부모의 의견이 학교를 넘어 지역으로, 지역을 넘어 정부의 의사결정 과정에 영향력을 미칠 수는 없을까? 이 책은 학교자치에 관한 다양한 상상력을 보여 주고 있다.

학교자치는 결과가 아닌 과정이다. 좋은 학교를 만들어 가는 과정이 순탄하지 않듯이, 학교자치 역시 저절로 이루어지지 않는다. 무작정 기다린다고 이루어지는 것이 아니라 용기와 결단이 필요하다. 학교자치가 자리매김하기 위해서는 교육 주체의 성찰과 회복, 실천의 과정도 필요하다. 이 책의 저자들은 무엇을 성찰하고 반성해야 하는가를 냉철하게 드러내고 있다. 어찌 보면 우리 교육의 민낯일지 모른다. 포장할 필요는 없다. 우리들의 실패와 한계, 분노와 좌절, 안타까움을 느낀 그 지점에서 우리는 출발하면 된다.

그럼 무엇을 회복해야 하는가? 혁신, 민주주의 그리고 주체의 회복이다. 혁신은 관행과 경로 의존성을 거부하면서 대안을 찾는 과정이다. 혁신은 주체의 적극적인 참여를 통해서 만들어 가야 한다. 「헌법」에 보장된 민주주의의 가치를 각 교육 주체가 학교 현장에서 경험하고 누려야 한다. 이 과정은 교원, 학생, 학부모, 나아가 지역사회의 동반 성장을 촉진한다.

학교자치는 우리들의 자각을 바탕으로 소통과 참여를 통해 공동의 학교 비전을 실현하게 만든다. 교육자치가 각 지역 교육청의 자치가 아니듯, 학교자치는 학교장 내지는 교사의 자치가 아니다. 교육 주체, 학교공동체의 자치이다. 그런데 학교라는 공간에서 우리는 많은 상처를 입었다. 학생도, 학부모도, 교사도 상호작용의 과정에서 상처를 입었기 때문에 소통과 참여의 과정을 시작하기가 두렵다. 그래서 회복과 치유가 필요하다. 회복과 치유를 위해서 서로의 이야기를 듣는 과정이 필요하다.

그 내면의 이야기를 듣는 과정이 학교자치의 시작이 될 것이다. 이러한 회복을 위해서 교육부가, 교육청이, 학교장이 먼저 자신들의 권한을 내려놓아야 한다. 학교자치는 교육부와 교육청, 학교장을 거부하는 것이 아니다. 그들의 새로운 역할을 요구하고 있을 뿐이다.

편한 타율의 길을 갈 것인가, 힘들지만 의미 있는 길을 갈 것인가? 이제 교육공동체가 함께, 스스로 결정해야 한다.

저자 일동 드림

목차

프롤로그_ 학교자치는 성찰과 회복, 실천의 과정이다 • 4

1부 왜 지금, 학교자치인가?
교육자치와 지방자치 그리고 학교자치 • 17
모든 이를 위한, 모든 학생을 위한 학교자치 • 36
학교자치 시대의 학교 체제에 대한 전망 • 56

2부 학교자치를 위한 제도, 무엇이 문제인가?
학교자치를 향한 교육지원청의 제도적 개혁 필요성과 대안 • 83
교사 교육과정 등장과 교육과정 자치력 탄생 • 111
교원 지방직화의 도입 필요성, 쟁점과 과제 • 135
고교학점제로 실현하는 학교자치 • 157

3부 학교의 주인은 누구인가?
학생 시민이 만들어 가는 학교자치 • 175
학부모와 학교자치 • 196

에필로그_ 저자와의 일문일답 • 210
부록_ 전라북도 학교자치 조례 • 214
　　　전라북도 학교자치 조례 시행규칙 • 219
　　　광주광역시 학교자치에 관한 조례 • 222

참고문헌 • 227

1부
왜 지금, 학교자치인가?

교육자치와 지방자치
그리고 학교자치

우리나라는 1991년부터 민주적 국가 운영과 국가균형발전을 실현하기 위해 지방자치제를 부활하였다. 교육자치제는 지방자치제와 분리되어 교육의 전문성·특수성·자주성을 전제로 교육행정의 민주성을 보장하고, 주민 통치를 구현하기 위한 제도로 도입되었다. 우리나라에서 교육 문제는 시대를 막론하고 국민의 삶에서 가장 큰 비중을 차지한다. 이러한 교육 문제에 대한 지역 주민의 요구를 받아들이고, 중앙정부의 간섭과 통제를 줄여 교육에 대한 권한을 지역 주민에게 위임하는 데 교육자치의 의미가 있다. 그래서 우리나라의 교육자치는 지방자치단체의 장과 분리된 교육감을 별도로 선출하고 있으며, 지방 의회가 교육의결권을 가지고 있는 것이 특징이다. 그러나 이러한 상황에서 교육자치와 지방자치의 연계 문제가 끊임없이 제기되고 있다.

국가균형발전과 지방분권이 촉진되고 있는 상황에서 지역 주민이 원하는 좋은 교육 환경을 만들기 위해서는 현행 교육자치제에 대한 논의가 필요하고, 교육자치가 궁극적으로 나아가야 할 방향에 대한 고민이 필요하다.

문재인 정부는 교육자치 강화를 민주주의를 실현하는 자치분권의 국정운영 원리로 제시한 바 있다. 문재인 정부는 장기적 관점에서 교육정책을 마련하고 교육 현장의 자율성이 강화되도록 교육 거버넌스를 개편할 필요가 있음을 밝히며, 국가교육회의 및 국가교육위원회 구성을 통해 중앙정부 차원의 권한 이양 계획을 제시하였다.

[표 1-1] 문재인 정부의 교육자치 강화 국정과제 체계도

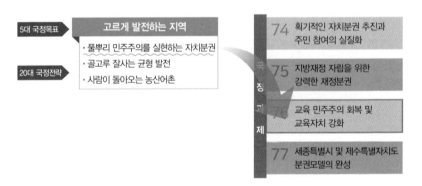

교육자치제, 왜 필요한가

첫째, 중앙정부 주도의 교육제도는 대량생산 경제에 적합한 교육 시스템으로, 다가올 4차 산업혁명 시대가 요구하는 자율성이나 다양성을 키우는 교육을 위해서는 분권적 시스템이 필요하다. 중앙집권적 교육행정은 우리나라 국민이 갖고 있는 높은 교육열을 건설적인 교육 발전으로 이끌지 못했고, 한편으로 과도한 사교육비 지출 등의 사회현상을 불러와 저출산의 또 다른 원인[1]이 되고 있다. 한 설문 조사에 의하면, 90% 이상의 응답자가 '지역 발전에 있어 교육의 비중이 크다.'고 생각하는 것으로 나타났으며, 교육 문제가 지방자치단체 인구 변동의 가장 큰 요인으로 나타났다(김영철, 2011). 실제로 교육 행위의 중심인 단위학교가 교육부·교육청의 지나친 간섭으로 경직화·획일화되어 창의적이고 다양한 교육 환경 조성이 어려운 상황이다.

둘째, 교육자치가 강화되면 부여받은 권한 행사에 익숙해진 지역사회의 공동체가 자발적으로 참여하게 되므로 교육 재정을 줄일 수 있다. 중앙집권적 교육제도에서 다양성에 입각한 교육정책과 사업을 시행하려면 재정이나 인력 등의 측면에서 많은 비용이 발생한다. 그럼에도 지역

---

1 우리나라 교육특구라 불리는 서울 강남구의 경우 합계출산율이 0.8명으로 전국 최저 수준이다(2016년 기준).

주민의 지방교육행정 참여가 저조하고, 원거리 교육행정에서 발생하는 정책과 행정 누수도 적지 않다. 결론적으로, 지역 주민의 일상생활과 지방교육행정의 유리현상이 나타나게 된다.

셋째, 중앙집권적 교육제도는 학교의 발전과 성과에 대한 책임 소재가 불명확한 구조로 되어 있다. 교육부·교육청에 의한 교육 관료주의는 단위학교의 자생적인 노력을 어렵게 만들고, 학교 구성원이 스스로 교육 환경을 개선하려는 동기를 부여하지 못하고 있다. 학교의 교육행정기관에 대한 의존도를 높여 자구적인 교육 발전의 동력을 만들지 못하고 있는 현실이다. 단위학교의 자율성을 강화하되 그 책무성도 명확하게 부과할 필요가 있기에, 교육개혁의 선결 조건은 학교자치와 책무성 강화이다.

교육자치제의 개념 및 유형

일반적으로 교육자치는 지방자치와 교육자치가 포함된 개념이다. 중앙정부로부터의 교육자치와 일반행정으로부터의 자치, 두 가지 개념이 포함되어 있다. 이는 지방자치가 추구하는 방향과 교육자치가 추구하는 방향이 결합되어야 한다는 의미다. 따라서 교육자치는 지역 주민의 참여와 통제가 허락되는 독자적 기관에서 자율적·전문적으로 교육을 관리해야 하는 제도라 할 수 있다. 교육의 자주성·전문성·정치적 중립성을 보장하고, 지역의 특성과 주민의 요구에 따르는 교육을 구현하는 것을 의미한다.

　여러 나라의 교육자치 유형을 살펴보면 다음의 세 가지로 구분해 볼 수 있다.

1. 분리형 : 교육기관을 지방자치단체와 분리하여 운영

분리형은 교육의 전문성과 정치적 중립성을 높일 수 있다. 특히 교육위원 등을 주민 직선에 의해 선출하는 경우 교육에 주민의 의사가 충분히 반영될 수 있다. 그러나 일반행정기관과 별도의 조직으로 운영되면 예산 낭비와 행정상의 혼란이 야기될 우려가 있다. 우리나라는 일반행정기관과 교육행정기관이 분리되어 있지만, 의결기관은 시·도 의회로 절충된 분리형에 해당한다.

2. 통합형 : 교육기관을 지방자치단체에 통합하여 운영

일반행정과 교육행정이 밀접하게 연계되어 있는 형태이다. 영국에서는 지방의회의 한 분과위원회로 교육위원회를 두고 교육 기능을 수행하고 있다. 교육위원회의 구성은 지방의원과 지방의회가 선출하는 교육 전문가가 절반 정도를 차지하여 교육의 전문성을 보장한다.

3. 절충형 : 교육기관을 지방자치단체에 부분적으로 통합하여 운영

지방교육기관을 지방자치단체에 통합하되 부분적으로 통합하는 절충적 형태로, 일본이 이러한 예에 해당한다. 분리형에서 발생할 수 있는 행정적·재정적 낭비와 업무 중복의 문제, 통합형에서 발생할 수 있는 교육의 전문성 상실을 방지하려는 취지에서 등장했다.

우리나라의 교육자치제

1. 교육자치의 단위

교육자치는 지방자치와 달리 기초단위 없이 광역단위로 실시[2]되고 있다. 이에 따라 17개 광역자치단체를 기준으로 각 시·도 교육청이 설치되어 있고, 그 아래에 하부 교육행정기구로 교육지원청이 설치되어 있다. 교육지원청 직제에 단위학교가 있으며, 단위학교는 시·도 교육청과 교육지원청의 직·간접적인 관리를 받고 있다.

　교육자치는 시방자치에 준하여 시·도 교육청과 교육지원청의 복층제로 구성되어 있으나, 실제 자치단위는 단층인 시·도 교육청을 대상으로 실시되고 있다.

---

2 「지방자치법」제9조에 따르면 교육은 지방자치단체의 사무이나, 동법 제121조에 교육사무의 처리를 위하여 별도의 기구를 설치토록 하고 있으며, 「지방교육자치에 관한 법률」제2조에 따라 교육사무는 광역자치단체의 사무로 하고 있다.

2. 교육자치의 기관 구성 : 기관 분리형 방식

우리나라 교육자치는 지방자치와 마찬가지로 의결기관과 집행기관을 분리하여 설치하는 기관 분리형 방식을 취하고 있다. 의결기관으로는 광역 지방의회에 교육위원회가 설치되어 있고, 집행기관으로는 교육감 (시·도 교육청)이 있다. 이들 간 상호 견제와 균형을 통해서 지역 교육의 효율적 집행을 담보하고자 한다.

시·도 교육청의 구성

교육감은 각 시·도 교육사무의 집행기관으로, 교육·학예에 관한 사무를 총괄하며, 소속 공무원을 지휘·감독한다. 시·도지사와 별도로 주민 직선으로 선출되며, 정당 공천은 배제한다. 임기는 4년이고, 계속 재임은 3기에 한하여 허용한다.

보조 기관인 부교육감은 당해 교육감이 추천한 자를 교육부 장관의 제청으로 국무총리를 거쳐 대통령이 임명한다. 하급 교육행정기관으로 시·군·구를 관할로 하는 교육지원청에 교육장을 둔다.

---

3. 재정 구조

지방교육 회계는 지방자치단체 회계와 독립된 특별회계로 구성된다. 교육자치의 재정 구조는 중앙정부의 지원금과 지방자치단체의 일반회계 전입금 및 자체 수입 등으로 구성되어 있다. 중앙정부의 지원금은 전체 수입의 50% 이상을 차지하는 지방교육 재정교부금과 국고 보조금이고, 지방자치단체 일반회계 전입금은 시·도세 전입금과 담배소비세 전입금, 지방교육세, 학교용지 부담금 등으로 구성되어 있다. 그리고 납입금과 재산 수입, 사용료 및 잡수입 등으로 구성되는 자체 수입은 전체 수입에서 차지하는 비중이 매우 낮다.

교육자치제의 주요 쟁점

첫째, 현재 우리나라 교육자치제는 광역단위로 실시되고 있다. 따라서 실제 학교 현장과 지역 주민의 교육 수요를 교육행정에 효율적으로 반영하지 못해 국민이 체감할 만한 변화가 더디다는 지적을 받는다.

둘째, 지방자치단체는 실질적으로 교육 재정의 상당 부분을 부담하고 있는데도 교육에 관한 권한을 행사할 수 없어 교육자치와 지방자치 간 갈등이 심화되고 있다. 예산 편성에 관한 시·도지사와 교육감의 갈등이 대표적인 예이다.

셋째, 교육자치와 지방자치가 분리되어 있는데, 지방자치단체장은 교육·학예에 관한 사무에서 배제돼 지역의 인재를 육성하고 교육하는 데 책임 있는 역할을 수행하기가 곤란한 상황이 발생하고 있다. 지방자치와 교육자치의 분리 구조로 인해서 발생하는 문제는 다음과 같다.

1. 지방교육에 대한 종합적 접근 부족
집행기관의 분리 운영으로 지역단위의 교육 계획 수립에서 지역의 특성이 반영된 종합적·거시적인 관점이 반영되지 못한다.

2. 지방자치와 교육자치의 협력 부족

집행기관의 분리 운영에 따라 지역단위의 학교 운영에서 요청되는 학교 부지 확보, 유아 보육 및 아동의 방과 후 돌봄, 보건, 위기 아동 및 청소년·학교 밖 청소년에 대한 돌봄, 자유학기제의 지역 협력, 진로·진학 지도, 학교 주변의 유해 환경 규제, 급식 등에 대한 지방자치단체의 적극적인 협력이 부족하다.

3. 지역 교육의 책무성 분산

일반행정과 교육행정의 분리 운영으로 실제 지방선거에서 교육 문제가 정치적 관심사로 대두되지 못할뿐더러, 교육행정에 대한 책임이 분산되어 명확한 책임 소재 파악이 어렵다.

4. 일부 행정 기능의 중복 현상 발생

일반행정과 교육행정에 공통적으로 적용되는 인력, 예산, 시설 관리 등의 분야에서 기능적 중복 현상이 나타나 행정 비용이 낭비되고 있다.

5. 연계·협력의 제도화 미흡

일반행정과 교육행정의 일부 연계·협력 조치가 실시되고 있으나 대부분 교육혁신지구 같은 특정 사업 중심의 임시적 협력에 불과하여, 지속성이 확보되지 못하고 있다.

교육자치제 통합을 둘러싼 찬반 논쟁

현행 교육자치제는 운영 과정에서 법률 해석상의 오해와 시행상의 문제가 불거져 정치권에서도 논쟁이 계속되고 있다. 학계에서도 교육자치에 대한 많은 논의가 있어 왔다. 광역단위의 교육감 선출 방식과 광역의회 소속 교육위원회의 성격 규정, 광역단위와 기초단위의 관계, 각 단위에서의 교육자치와 지방자치와의 관계, 기초단위의 구역 설정 방법, 중앙정부와 지방 간 그리고 광역단위와 기초단위 간의 권한 배분에 대해서는 다양한 의견이 있다.

　기초자치단체 수준까지 교육자치를 확대하자는 주장에 대해서도 교육의 특수성을 강조하는 교육계와 경제학자·행정학자를 중심으로 효율성과 책무성을 강조하는 전문가의 견해가 첨예하게 대립하고 있는 상황이다.

1. 지방자치와 교육자치 일원화(통합)의 논거

교육계는 「헌법」 제31조 제4항이 규정하고 있는 교육의 자주성·전문성·정치적 중립성을 보장하기 위해서는 지방자치단체의 교육사무를 지방자치단체의 일반행정기관으로부터 분리하여 독립된 별개의 교육행정기관이 처리해야 한다고 주장하면서, 지방교육행정기구의 독립성을 더욱 강화하고자 한다.

　그러나 비교육계, 특히 지방자치단체와 행정학계의 시각은 다르다.

그들은 교육자치를 지방자치에 통합하여 일원화하자고 주장하는데, 그 이유는 다음과 같다.

첫째, 일반행정으로부터 분리·독립되어 양자 간 연계성이 상실되었다.

현행 교육자치제는 지방자치단체장이 교육행정에서 배제되어 있어 단체장이 지역 교육에 책임 있는 역할을 수행하기 곤란하다. 또 지방자치단체장의 협조와 지원이 필요한 학교 부지 확보, 학교 급식 제공, 학교 밖 청소년에 대한 지원, 기타 교육 환경 개선을 위해 적극적으로 예산을 지원할 유인이 감소하고 있다.

둘째, 주민 참여가 제한된 불완전한 교육자치이다.

현재의 교육자치는 광역단위에 한정하여 실시하고 있어 지역 주민의 참여 단위가 모호하며, 학교 현장 및 주민의 교육 수요를 교육행정에 즉각 반영하지 못하고 있는 실정이다. 지방자치는 기초단위로 시행되고 있는데, 교육자치는 광역단위로 시행함으로써 기초단위 일반행정과의 업무 연계를 방해하고 있다.

셋째, 재정 운영의 비효율이 나타나고 있다.

현행 교육자치제는 재원 동원 및 배분 과정에서 지방자치단체의 일반재정과 연계되지 않아 재정 운영의 비효율을 초래하고 있다. 또 일반행정과 유사한 기능을 분리·수행함으로써 업무상 중복 또는 이중적인 의사결정 과정에 따른 자원 낭비를 초래하고 있는 실정이다. 교육 투자에 대한 유인력이 없는 상황에서 지방자치단체의 교육 투자는 미약할 수밖에 없다.

2. 지방자치와 교육자치 이원화(분리)의 논거

지방자치와 달리 교육자치가 왜 별도로 필요한가에 대한 논거는 교육행정의 특성에 나타나는 전문성과 자주성에서 찾는다. 교육행정에는 일반행정가가 이해하기 어려운 부분, 즉 교육에 많은 경험과 전문성을 가진 사람만이 이해하고 파악할 수 있는 전문 영역이 존재하기 때문이다. 또한 교육의 자주성이 확보되지 못하면 획일적인 교육이 이루어져, 개인의 자유로운 학습활동이 침해받을 가능성이 높다. 개인차에 대응하는 교육 본연의 논리보다는 국가가 주도하는 정치·경제 논리에 의해 교육이 운영될 수 있고, 결국 교육을 통한 개인의 성장과 발달, 자아실현 등은 어려워진다.

교육자치를 지방자치로부터 독립시켜 교육의 전문성과 자주성을 확보하기 위해 이원화하자는 주장은 다음과 같다.

첫째, 교육자치를 지방자치에 통합하자는 주장은 교육의 특수성과 교육자치의 본질에 대한 초점을 흐리게 한다.

교육자치와 지방자치를 통합해야만 지방자치단체의 교육 투자와 지원이 보다 효율적이라는 논리는 교육자치의 본질적 가치인 교육의 자

주성·전문성·정치적 중립성을 저해한다. 현재 지방자치단체가 교육
투자와 지원을 게을리하는 것은 지방자치단체의 재정 능력이 부족하고,
관련자의 인식이 부족할 뿐만 아니라, 관련 법규의 규정이 미비한 데 원
인이 있다.

둘째, 교육자치는 주민 통제의 원리에도 부합되어야 하지만, 정치적
중립성도 보장받을 수 있어야 한다.

교육자치는 교육의 특수성과 자주성을 존중하되, 그것을 실천하는 데
있어 전문성의 원리도 중요하다. 그런데 정치적 이해관계에 있는 지방
자치단체장이 교육행정에 전권을 행사한다면, 교육자치는 근본적으로
훼손될 가능성이 높다. 자치 능력의 함양이나 민주주의 정신인 분권화
의 차원에서 교육자치의 구조적 체계는 그대로 유지되어야 한다.

셋째, 현재 광역단위로 시행하고 있는 교육자치를 기초단위까지 확대
하자는 주장에는 대체로 동의하는 편이다.

기초단위의 교육자치를 실시하지 않은 것은 일반행정과의 형평성에
도 맞지 않을뿐더러, 광역단위의 교육자치는 지역 주민의 의사를 직접
적으로 반영할 수 없다. 다만 기초단위의 교육자치제를 실시할 경우 소
요되는 재정 문제는 이에 대한 제한점으로 지적되고 있다. 현재 모든 행
정 체계(조세 체계 등)가 하나의 시·군단위로 되어 있는 상황에서 여러
문제점이 먼저 해결되어야 하겠지만, 이러한 방안은 재정 소요나 행정

경비 등의 문제를 완화시키면서 교육자치의 본질을 살리는 유연한 사고가 될 수 있을 것이다.

3. 여론 추이

2013년 6·4 지방선거 후 새누리당(현 자유한국당)은 교육감 직선제 폐지를 추진하였으나, 국민 여론은 교육감을 선거로 선출해야 한다고 생각하는 것으로 나타나고 있다.[3] 교육감을 선거로 선출하는 것(직선제)과 다른 방식(임명제) 중 어느 것이 좋은지 설문 조사했는데, 그 결과 직선제 선호(63%)가 임명제 선호(30%)보다 많았고, 7%는 의견을 유보했다. 또 한국교육개발원의 조사를 살펴보면 초·중·고생 학부모의 절반 이상이 교육감 직선제에 긍정적으로 응답하였다.

현행 제도에 대한 충분한 개선·보완 노력 없이 바로 직선제를 폐지하자는 주장은 광범위한 공감대를 형성하기 어려울 것으로 보인다.

[표 1-2] 교육감 선거 직선제 찬반 설문 조사

시·도교육감 직선제	2018년		2017년	2016년	2015년
	전체	학부모			
찬성(%)	48.9	57.3	48.5	46.8	47.3
반대(%)	25.2	24.4	25.5	29.4	35.0
잘 모르겠다(%)	26.0	18.3	26.1	23.9	17.8

한국교육개발원, 2018

---

3 2013, 2014년 한국갤럽 조사(해당 자료는 2014년 10월 조사 자료).

지방자치단체의 일반행정과 교육행정 개선 방안

지방의 일반행정기관과 교육행정기관의 관계를 어떻게 형성할 것인지에 대해서는 여러 가지 방식이 있다. 독일이나 영국, 프랑스 등은 지방교육행정기관을 지방행정기관의 한 부분으로 보고, 지방교육행정기관의 수장을 지방자치단체장의 보조 기관으로 하고 있다. 이렇게 하면 관할의 중복으로 인한 문제나 교육 역량의 분산, 책무성에 대한 문제를 상당 수준 극복할 수 있다. 미국이나 스위스 등은 우리나라처럼 지방교육행정기관을 지방행정기관으로부터 완전히 독립시켜 지방교육행정기관이 교육사무만 전담토록 하고 있다. 결국 지방교육행정기관을 어떻게 구성할 것인지는 입법 정책의 문제이다.

현행 「지방자치법」은 지역 의회가 주민의 대표기관이며, 그 자치 구역 내의 유일한 최고 의사결정기관으로서 교육·학예에 관한 사항까지도 관장토록 하고 있다. 교육자치구를 현재처럼 지방자치단체가 위임하는 형태로 구성하여 운영하지 않고, 자치 구역을 달리하는 특별지방자치단체로 위상을 인정받는 경우에도 교육자치단체로서의 독립성을 확보해야 한다.

이상적인 교육자치가 실현되려면 독자적인 재원과 재정 운용의 자주성이 확보되어야 한다. 그러나 국세 비중이 80%에 달하고, 세원에 대한 지역 간 편차가 심한 상황에서 빠른 시간 내에 지방단위로 교육 재원의 대부분을 조달하는 일은 어려울 것으로 전망된다. 지방정부의 중장기 재정 전망에 비추어 볼 때 지방자치단체가 교육비 지원을 확대할 것이라고 기대하기는 어려우며, 두 단체의 재원을 통합하는 경우에 가시적인 성과가 나타나지 않은 교육 부문에 대한 투자 우선순위가 오히려 낮아져 현재보다 교육 재원이 줄어들 우려조차 있다.

그럼에도 우리나라의 경우 교육자치와 지방자치는 교육 재정 지원과 학교 용지 확보, 시설 지원 분야 등 지방교육 및 학예에 대한 업무를 처리하는 데 확실한 인과관계가 있다고 판단되므로 상호 협력하여 행정의 효율성과 합리성을 제고할 수 있을 것이다. 교육혁신지구 같은 형태의 교육자치와 지방자치 간 협력 연계 방안은 교육 발전에 필요한 다양한 자원을 효과적으로 확보하고, 지방자치단체의 교육에 대한 관심을 제고시키는 데 기여할 수 있을 것이며, 지방의 교육 발전이라는 책무성을 공유하는 데도 기여할 수 있을 것으로 보인다.

교육자치와 학교자치,
교육청 중심의 자치와 학교 중심의 자치

학교가 국민으로부터 전폭적인 신뢰와 지지를 얻지 못하는 현실에서 교사들은 의욕을 잃어 가고 있다. 학부모들은 아이를 위해 어떻게 노력해야 하는지 몰라 갈팡질팡한다. 지방자치단체는 지역의 교육 자원을 모아 지역 교육을 발전시키는 데 많은 어려움을 겪고 있다. 주민이 직접 선출한 지방자치단체장과 주민의 의사를 대표하는 지역 의회는 지역 교육에 대해 책임지지 않는다. 교육청은 어떨까? 정치적 중립을 지키겠다는 교육청은 정치적이기 일쑤다. 또 어떤 문제에 대해서는 정치적인 결정을 내릴 수 없다는 이유로 선출직으로서의 정치적 책임을 회피하기도 한다.

현재 상황이 이렇다면, 지역 교육과 학교교육이 발전하는 데 가장 큰 걸림돌은 바로 교육자치가 아닐까 싶다. 그런데 대부분의 사람들은 정작 교육자치에 대해 잘 모른다. 사실 일반행정기관에서 교육행정기관을 분리·독립시키는 것이 교육자치라고 보는 시각은 전 세계적으로 유례를 찾기 힘들다. 우리나라는 교육자치 개념을 토대로 지방교육행정기관이 구성되는데, 이는 보편성을 가진 모델도 아닐뿐더러 교육에 종사하는 사람들조차도 제도에 대한 이해가 부족한 상황이다. 교육자치에 대한 논의가 진전될수록 과연 교육자치제가 무엇인지, 현 상태가 우리에게 꼭 필요한 제도인지, 지금의 제도가 만족스럽지 않다면 어떤 형태로 변화해야 하는지 등에 대한 다양한 검토가 필요하다.

교육행정기관의 수장인 교육감이나 광역 의회의 교육위원회 구성을 둘러싸고 유독 전문성에 대한 문제가 제기되고, 교육위원 일몰 등으로 제도를 바꾸어도 여전히 문제가 발생하는 것은 제도의 단편적인 개선만 반복하였기 때문이다.

우리나라는 교육자치의 중심을 교육청으로 파악하는 데 비해, 외국은 학교를 중심으로 교육자치를 본다는 점에서 근본적인 차이가 있다.

지역 주민이 주체가 되는 자치가 바로 지방자치이며, 지역의 교육기관
도 주민의 대표기관이라는 점에서 당연히 지방자치에 포함된다. 따라서
교육자치에서 학교자치의 개념은 주민을 중심으로 설정하는 것은 맞지
않고, 단위학교에서 특별한 이해관계를 가진 교육 주체를 중심으로 학
교자치의 개념을 구성하는 것이 타당하다고 본다. 이에 교육자치의 개
념을 생각해 볼 때 첫 번째 질문은 누구의 자치인지, 누구로부터의 자치
인지에 대한 문제가 될 것이다.

　교육자치는 무엇보다도 교육에 대한 자치이다. 그런데 교육과 관련된
행위가 무엇인지 명확하게 정의 내리는 것은 쉽지 않고, 교육과 관련된
영역이 삶의 다른 영역과 별개로 독립적일 수 있다는 설정은 불가능하
다. 삶의 모든 과정이 교육과 관련되어 있기 때문이다. 만약 교육자치를
교육에 관련된 자치라고 제한하고, 삶의 다른 영역과 구별하기 시작하
는 순간, 우리는 삶의 전 영역에서의 교육의 기능에 눈감아야 한다. 교
육은 교육 환경이나 가정과 사회의 생활 여건을 떠나서 생각하기 어렵
다. 따라서 교육에 한정된 자치로서 교육자치를 제한한다면 매우 협소
한 의미가 된다. 교육의 전 영역을 포괄하지 못하면서 이를 교육자치라
고 표현하는 것도 곤란하다.

　이렇게 교육행정을 분리된 삶의 일부 영역으로 제한한다면, 교육에
있어서 자치는 학교 안에서의 생활이라고 볼 수 있다. 따라서 우리나라
에서 교육자치라는 말은 학교자치라는 용어와 분리하여 분명하게 말하
는 것이 차라리 의미 전달이 쉬운 상황이다. 교육자치를 지방자치로부

터 분리하고 독립시켜야 한다는 근거로 들고 있는 교육의 자주성·전문성·정치적 중립성의 의미를 우리는 무엇으로 협의하고 있는지, 혹시 책임 회피의 수단으로 활용하고 있는 것은 아닌지 생각해 볼 필요가 있다. 교육자치가 궁극적으로 실현되기 위해서는 '교육청의 자치'가 아니라 '교육 주체의 자치'가 되어야 함은 자명하다. 교육청 중심의 자치가 아니라 학교 중심의 자치가 되어야, 교육자치가 곧 학교자치와 같은 의미로 받아들여지는 것이다.

모든 이를 위한,
모든 학생을 위한 학교자치

현대사회는 세계화 사회이면서 동시에 지방화 사회이다. 따라서 세상은
규격화·획일화된 사람이 아닌 창의적이고 개성적인 인재를 요구하고
있다. 이러한 인재를 육성하기 위해서는 단위학교에서 학생 개개인에게
맞는 자율적인 교육이 이루어져야 하는데, 이것이 교육자치이다. 그리
고 교육자치의 핵심이 학교자치이다.

밀(John Stuart Mill, 1806~1873)은 『자유론(On Liberty)』에서 인간의 사
유는 효율성의 문제가 아닌 '인간이 삶의 주체로서 갖는 기본권의 문
제'라고 이야기했다. 즉 개인의 삶은 그 결과나 방식의 성패 또는 효율
성에 상관없이 자유의지에 따른 삶 자체에 그 가치가 있다는 뜻이다. 그
런데 그 개념이 사회적 제도로 확장되었을 때 '자유' 또는 '자율'의 기
본적 가치 판단은 복잡해진다. 물론 여기서 말하는 자율이 단순히 '마

음대로'라는 개념이 아니라는 것을 알더라도 다수의 사람들이 공유하는 사회적 제도에서 자율의 가치를 이해하기는 쉽지 않다. 이런 관점에서 많은 사람들이 '학교자치가 왜 필요한가?', '학교자치가 과연 효과적인가?' 하는 생각을 할 것이다. 그다음으로 '그러면 무엇을, 어떻게 해야 학교자치인가?'라고 생각할 수 있다. 본 장에서는 이런 기본적인 의문과 방향을 전제로 학교자치에 대해 논하고자 한다.

교육자치와 학교자치의 가치

최근 학교자치에 대한 관심이 높아지면서 학교자치를 교육자치와 동일시하기도 한다. 그럼 학교자치는 교육자치와 같은 개념인가? 이를 파악하기 위해서는 먼저 교육자치의 의미와 역사를 살펴볼 필요가 있다.

「헌법」제31조 제4항 "교육의 자주성·전문성·정치적 중립성·대학의 자율성은 법률이 정하는 바에 의해 보장된다."는 것에서 교육자치의 근거를 찾을 수 있다. 이것은 지방교육 시스템을 통해 지역 상황에 맞게 자주적·전문적·민주적으로 교육을 운영하여 미래사회에 적합한 창의적·민주적·능동적 인재를 길러 내고자 하는 교육의 목적을 실현할 수 있다는 전제이다. 즉 교육자치의 목적은 지역 실정에 맞는 교육제도를 자율적으로 운영하여 민주적인 교육과 보다 효율적인 교육 기회를 제공하고자 하는 것이다.

우리나라 교육자치의 역사를 간단히 짚어 보면 다음과 같다.

1991년 우리나라 정치의 큰 변화가 이루어져 주민의 손에 의해 지방 의회가 구성되었다. 자치와 책임을 기본으로 하는 지방자치 시대의 도 래로 정부는 법률 제4347호 「지방교육자치에 관한 법률」을 제정하여 교육의 자주성 · 전문성과 지방교육의 특수성을 살리고자 시도하였다. 이 법률에 의하여 광역단위의 의결기관인 교육위원회와 집행부로 교육 감이 구성되면서 지방교육자치 시대가 열렸다.

교육자치의 핵심인 학교자치는 1995년 5월 31일 교육개혁위원회가 제시한 교육개혁안에 단위학교의 학교자치 방안으로 포함되었다. 「지방 교육자치에 관한 법률」 제44조에서 단위학교의 교육자치를 활성화하고, 지역의 여건과 특성에 맞는 다양한 교육을 창의적으로 실시할 수 있도 록 국 · 공립의 초 · 중 · 고등학교에 학교운영위원회 설치를 의무화하였 다. 이를 통해 1995년 2학기부터 지역별로 시범학교를 운영하고, 이를 1998년부터 전면 실시하였다. 이처럼 학교자치가 시작된 지 벌써 20년 이 지났지만, 학교자치는 여전히 익숙지 않은 것이 사실이다.

학교자치는 교육자치의 배경에서 제시되었지만, 두 개념의 본질적 특 징에는 차이가 있으며, 이에 따른 해석과 판단의 기준이 제대로 정리되 지 못한 것 또한 사실이다(고전, 2017). 헌법학계, 지방자치학계, 교육계 는 지방교육자치에 대해 각자의 관점에서 분절적으로 접근해 왔다고 할 수 있다. 헌법학계는 국민의 기본권 보장으로 교육자치제를 이야기하고, 지방자치학계는 지방자치의 일환으로 자치기구의 설치·운영을 이야기하며, 교육학계에서는 교육의 자주성·전문성을 보장하기 위한 교육 시스템으로 접근해 왔다.

이와 같이 서로 다른 관점과 전제에서 접근한 교육자치는 교육에 대한 자주성·전문성·정치적 중립성에 대한 공감이 있더라도 그 운영과 제도적 장치에 대한 의견은 상이할 수밖에 없으며, 이로 인해 상당한 논란과 정치적 갈등이 있다. 그런 측면에서 교육자치와 학교자치를 동일시하는 개념적 전제는 주의할 필요가 있다.

그러나 어떤 관점에서든 교육에서의 민주주의 실현과 교육의 공공성 확보, 그리고 미래교육의 효과적 실현을 위한 실행 방안으로 학교자치를 지향해야 한다는 데에는 큰 이견이 없다고 본다. 이처럼 학교자치가 미래교육을 위한 중요한 실행 방안으로 공감되는 현 상황에서 교육자치의 배경 아래 학교자치를 이해하는 것은 중요하다. 지금까지 많은 교육 이슈와 정책을 추진하는 과정에서 그 기본 개념과 철학을 이해하기도 전에 실행에 옮겨 본질이 왜곡되고, 현장 내면화를 이끌어 내지 못해 실패했던 많은 경험이 있지 않은가. 이것은 역대 교육개혁의 한계와 실패의 주된 원인 중 하나로 진단되었다(이영희 외, 2018).

한편 실제적으로 교육 분야에서 왜 자치를 해야 하는가의 문제는 중요하다. 국가의 관료적이고 획일적인 규제 아래 놓인 교육은 기계적이고 수동적인 인간을 양성할 확률이 높기 때문에 학생·교원·학부모의 근린생활 영역에서 시작하는 학교자치가 필요하다(김찬동·최진혁, 2016). 즉 창의성·자율성·다양성·참여성이 무엇보다 요구되는 것이 교육자치이며, 이를 실행하는 방안으로 학교자치가 필요하다고 할 수 있다.

지금까지 중앙정부의 주도하에 획일화되었던 교육목표, 교육과정, 교수·학습 방법, 평가와 이를 위한 여러 정책은 4차 산업혁명이라는 사회적 변화에 더 이상 대응할 수 없다. 미래교육에 대한 많은 연구에서는 산업화 시대에 최적화되었던 획일화·대량화라는 사회 및 교육 체제는 미래사회 생태계 변화에 대응하기 위해서는 개별화·맞춤형 교육으로 변화해야 한다고 말한다(이영희 외, 2018). 학습자 중심 교육, 역량 교육 등을 위해서는 각 지역과 단위학교, 개별 학생에게 적합한 교육목표, 교육과정, 교수·학습 방법, 과정중심평가가 필요하며, 이를 뒷받침할 수 있는 자율적이고 창의적인 교육 계획과 운영이 필요하다. 이것이 우리가 학교자치를 미래교육의 실행 방안으로 제시하고 있는 중요한 이유이다. 지역을 근거로 형성된 단위학교와 학교 구성원에게 적합한 교육활동은 국가 수도적이고 획일화된 체제 안에서는 실행이 불가능하기 때문이다.

교육 주체의 수평적 이해관계, 중앙에 집중되었던 권한 이양, 예산 집행의 효율성 등 학교자치에서 이야기하는 모든 가치의 근거는 교실 현장에서 실제적인 교육 혁신을 만들기 위해 자율성을 부여하는 것임을 잊지 말아야 한다. 이 본질을 잊지 않는 학교자치가 실현될 때 '자치(自

治)'의 가치가 퇴색되지 않는다. 그렇지 않으면 단순히 국가가 가졌던 권한을 시·도 교육청이, 시·도 교육청이 가졌던 권한을 학교장과 교사들이 갖는 식의 '권한 이양'에 대한 부분에만 집중하고, '무엇을 위한', '누구를 위한' 학교자치가 될지에 대한 본질을 잊어 버릴 수 있다. 또한 비슷한 맥락으로 교육의 자주성·전문성·정치적 중립성에 근거한 교육 자치 실현을 위해 단위학교가 왜 교육자치의 단위가 되어야 하는지에 대한 의문을 멈춰서는 안 될 것이다. 중요한 것은 교육에 대한 권한을 학교에 이양했다는 '학교에 의한' 자치가 아니라, 왜 자치가 중요한지, 무엇을 위한 자치인지 의미를 새기는 일이다. '무엇으로부터의 자치'가 아닌, '무엇을 위한 자치'인지를 잊지 않아야 한다.

교육 민주주의 실현을 위한 학교자치

많은 교육학자들이 이야기하는 학교자치의 개념에서 공통적으로 제시된 부분은 '교육공동체', '분권', '자율', '책임', '학교 운영'이다. 이 요소들은 학교자치의 핵심이라 할 수 있는데, 이 중 교육공동체는 교육 주체인 학생·교원·학부모이다. 지방교육자치에서는 지역사회 또한 교육공동체의 한 부분이라 할 수 있다. 즉 학교자치는 학생·교원·학부모·지역사회라는 교육활동의 주체들이 권리와 책임을 나눠서 자율적으로 운영하는 제도이며, 이 제도는 「헌법」에 보장된 「교육기본법」에 근거한 것이다. 따라서 학교자치의 중요성은 교육기본권의 실현에 있으며, 이는 민주주의 실현을 위한 기본권으로서 가치를 갖는다.

당연한 듯한 이와 같은 논의는 우리 사회에 정착한 성과주의의 관점에서 성찰의 의미를 갖는다. In-Put(투입) 대비 Out-Put(결과)의 성과와 효율성을 강조하는 경제 원리는 오랫동안 우리 사회를 지배해 왔는데, 교육에서도 예외가 아니었다. 이로 인한 교육의 본질에 대한 왜곡, 공교육의 붕괴, 계층 간 갈등, 사회적 양극화 현상, 사교육으로 의한 국민적 고충 등에 대한 이야기는 본 장에서는 차치한다. 그러나 이와 같은 경제적 효율성의 원리는 우리 사회의 많은 부분에서 의사결정과 가치 판단의 중요한 원칙이 되었다. 이런 측면에서 학교자치가 갖는 교육기본권으로서의 가치에 대한 논의, 특히 교육 주체인 학생·교원·학부모의 교육에 대한 기본적 권리라는 관점에서 학교자치는 교육 민주주의 실현을 위한 길이라고 할 수 있다.

교육 민주주의에 대한 이해를 위하여 오늘날의 공교육 제도에 대한 검토가 필요하다. 오늘날 학교 제도는 국가마다 다양한 체제를 지녔지만, 국가가 직·간접적으로 교육을 통제·지원·조정하는 공교육 제도를 기반으로 하고 있다(백종섭, 1999). 국가에 의하여 주도되는 공교육 제도는 '투자적 동기'와 '복지적 동기'라는 두 가지 사회적 동기에 의하여 계획된다(Freire, 1985). 투자적 동기는 투자의 사회적 효과를 극대화할 수 있는 엘리트 집단에 대하여 더 집중하는 수월성을 지향하는 반면, 복지적 동기는 모든 개인의 성장을 위한 교육 기회 균등을 강조하는 형평성을 추구한다(이돈희, 1992). 따라서 국가의 성장과 사회 개조를 학교의 기능으로 인식하는 집단에서는 투자적 동기를 강조하고, 개인의 성장과 사회 적응을 위한 학교 역할에 집중하는 입장에서는 복지적 동기를 선호한다.

지금까지 우리나라 교육은 투자적 동기에 집중하여 보편적 엘리트주의를 지향하는 수월성 교육에 집중했다. 사람들은 교육을 '계층 간 사다리'라고 표현하며 보편적 엘리트주의를 추구하고 있지만, 사실 실제 교육 문화에서는 절대적·경쟁적 엘리트주의에 빠져 있다고 할 수 있다(백종섭, 1999). 바로 이런 부분이 학교교육에서 민주주의의 저해 요인으로 작용하고 있으며, 이를 극복하는 방법이 교육공동체의 참여를 통한 교육 환경과 문화를 개선하는 것이다. 이런 점에서 교육 민주주의 실현을 위해 학교자치가 중요하다.

교육공동체는 크게 세 집단으로 구성된다(이돈희 외, 1994).

첫 번째는 교육제도를 계획·운영하는 관리 주체인 국가·자치단체·사학법인으로, 그들은 공적 책임을 지는 집단이다. 두 번째는 교원 집단으로, 공인된 전문 능력으로 교육을 실천한다. 교원 집단의 교육관은 교원마다 다를 수 있으며, 그 차원도 다양하다. 마지막은 직·간접적으로 교육적 필요를 충족시키는 학생·학부모·지역사회 집단이다. 이들의 교육 목적과 요구는 현실적 요구에 의해 정당화되며, 때로는 이기적이거나 유행성을 지니기도 한다.

세 집단은 상호 협조 관계로 교육활동에 큰 영향을 미치지만, 때로는 갈등과 긴장 관계를 형성하기도 한다. 문제는 세 집단의 교육관이 서로 다를 때 집단 간 주도권에 대한 균형이 없어, 한 집단의 교육관이 다른 집단의 교육관을 지배 혹은 통제하면서 교육이 다른 목적의 수단으로 전락할 수 있다는 점이다. 구체적으로 중앙정부가 주도하는 교육제도는 관리에 대한 효율성은 있지만, 이념이나 정치적 목적을 위해 교육을 도구화·획일화할 수 있다. 교원의 교육관이 지배적일 때는 이기적이고 집단주의에 치중한 편의적인 교육 현장을 야기하거나, 혹은 다양한 교육관으로 현장의 혼란 등을 초래할 수 있다. 또 학부모나 지역사회의 교육관이 지배적일 경우에는 규범적 교육보다는 실용적이고 투자 지향적인 교육으로 전락할 수 있다. 따라서 세 집단의 교육관이 일정한 제도 안에서 상호작용하여 교육에 대한 자율성과 책무성을 균등하게 분담하는 것이 가장 바람직한 교육이다.

학교자치 실현을 위해 단위학교의 교육이 정상적으로 운영되고 활성화하기 위해서는 단위학교의 교육공동체가 구성되어야 하며, 이들에 의한 교육과정 구성 및 교육활동 참여가 보장될 때 학교민주주의 실현이 가능하다. 이에 중앙정부가 주도하는 교육제도의 한계에서 벗어나 지방교육자치를 인정하고, 교육 관련 집단의 참여를 보장하며, 수혜자 중심의 교육적 요구와 필요에 부응하는 교육 방안으로 마련된 것이 학교운영위원회이다. 따라서 현재 우리나라에서 단위학교의 자치를 실행할 수 있는 구체적인 실체는 '학교운영위원회'이다.

「초·중등교육법」 제4장에 학교운영위원회에 대한 규정을 두고 있는데, 학교 운영의 자율성을 높이고, 지역 실정과 특수성에 맞는 다양한 교육을 창의적으로 실시할 수 있도록 국·공립 초등학교, 중학교, 고등학교, 특수학교에 학교운영위원회를 구성·운영토록 규정하였다.

학교운영위원회는 학교의 특수성에 따라 다소 차이가 있지만, 주로 학부모위원, 교원위원, 지역위원 등으로 구성된다. 그 기능은 학칙의 제·개정, 학교 예산·결산, 학교 교육과정의 운영 방법, 교과용 도서 및 교육자료 선정, 교육활동 및 수련활동, 초빙 교원의 추천, 학교 운영 지원비와 학교발전기금의 조성·운용·사용, 학교 급식, 학교 운영에 대한 제안 및 건의 사항, 기타 대통령령·특별시·광역시·도의 조례로 정한 사항 등에 대한 의결이다(백종섭, 1999). 즉 학교 운영 전반에 걸친 사항을 결정하는 학교자치의 핵심 기구이다.

이와 같이 중요한 학교운영위원회 활동에 있어서 제도적·운영적인 문제점이 있는데, 다음은 백종섭(1999)의 학교자치 활성화 방안 연구에서 제시된 학교운영위원회의 제도적·운영적 문제점에 대한 내용이다.

우선 제도적으로 사립학교는 학교운영위원회 설치에 대해 학교법인이 자율권을 갖고 있다. 학교자치를 통한 학교 운영의 기여와 투명성·공공성을 확보하는 측면에서 사립학교의 학교운영위원회 설치는 매우 절실한데 그들이 갖고 있는 자율권으로 인하여 설치를 강제할 수 없다.

또한 학교운영위원회 구성에 있어서도 취약하다. 학교운영위원회는 교원 대표와 학부모 대표, 지역사회 인사로 구성되지만, 교원 집단과 학부모 집단의 의견을 현실적으로 수렴하여 이를 학교 당국과 학교운영위원회에 전달할 공식적인 기구가 없다. 교육 주체인 학생·교원·학부모가 스스로의 조직을 통해 법적인 권한과 책임을 갖고 학교 운영에 참여할 수 없는 것이다. 따라서 대부분 학교의 학교운영위원회는 친목회 수준의 임의단체로 자치 조직으로서의 활동 기반이 취약하다. 특히 학생회 활동에 대한 사항도 법령이 아닌 학칙에 따른 사항으로, 학생자치 활동이 미비하고 교육에 대한 요구가 올바르게 전달되지 못하고 있는 실정이다. 무엇보다 학생자치기구의 학교운영위원회 참여를 인정하지 않아 학교자치의 목표인 자율과 자치를 배움으로써 민주주의를 체험하는 교육의 기능이 실현되지 못하고 있다. 단위학교에서 학교자치의 궁극적 목적인 교육 민주주의 실현과는 아직도 거리가 먼 실정이다.

 그 외에 자치기구로서 학부모회의 구성에 대한 규정이 없어 현재는 자녀 교육에 대한 보호자로서의 권리와 의무 수준의 규정만 있으며, 학교 운영에 관한 절대 권한은 학교장에게 집중되어 있는 것이 현실이다. 결국은 학교운영위원회의 본질적 목적 수행 및 민주적 학교 운영을 위한 기구로서의 역할을 하지 못하고 학교장의 들러리로 남는 모습이 흔하다. 또한 현재 대부분의 교육과정과 교육활동 범위, 내용이 국가수준에서 획일적으로 규정되어 있기 때문에 교육자치의 활동 범위와 자율성에 대한 한계가 크다는 취약점도 있다.

학교운영위원회 운영상으로는 운영위원 선출 과정에 대한 홍보가 부족하고, 선출 과정이 형식적으로 이루어져 학부모 참여가 봉쇄되어 있으며, 교원위원 자격에 대한 제한이 있고, 학교운영위원회의 위상이 심의기관에 그쳐 심의 내용에 대한 구속력이 없다는 문제점이 있다.

이와 같은 연구에서 제시된 학교운영위원회의 제도적·운영적 취약점을 이해하기 전에도, 한 번이라도 학교운영위원회 활동에 참여해 본 적이 있다면 누구라도 무엇이 문제인지 알 수 있을 것이다. 실질적 교육 주체들이 학교운영위원회에서 자신의 역할을 실행하거나 인식하기에는 그 역할이 미비하고 왜곡되어 있다. 우리가 지금까지 힘겹게 지켜 온 민주주의의가 학교 안에서 어떻게 존재하고 운영되고 있는지, 우리 학생들이 배워야 할 민주시민교육을 참여를 통해 배우고 체험할 수 있는 환경이 학교 안에 마련되어 있는지 학교 구성원이 정확하게 이해하고, 또 실천하고 있는지 고민해야 할 때이다.

학교자치의 핵심, 권한과 책임의 분배

자치(自治)는 어떤 것에도 통제받지 않고 자유로우면서도 내적 책무성을 실현하는 것이다. 공자는 『논어』에서 "일흔 살이 되어서야 마음 가는 대로 따라 해도 법도에 어긋나지 않았다(從心所欲 不踰矩)."고 말하였다. 공자의 말을 오늘날 교육 현실에 대입한다면, 그 어떤 외부적 통제 없이 자유롭게 교육하지만, 그것이 교육의 사회적 책무를 다하고 있는 것이라 할 수 있다. 그러나 이것은 말처럼 쉬운 일이 아니다. 솔직히 말하면 오랜 기간 상급기관의 지침과 명령에 의존하여 스스로 생각하고, 판단하고, 책임지는 시스템을 경험해 본 적이 없는 우리에게는 당혹스러운 일이 아닐 수 없다. 자칫 '학교자치'라는 멋진 슬로건에 익숙한 척 성급하게 추진하려 든다면 걸을 준비도 안 된 아이가 뛰려는 모양새로 불안하기만 할 뿐이다.

학교자치의 바람직한 실현을 위해서는 학교자치의 본질과 가치를 이해하고, 무엇을 위한 학교자치인지 깊은 성찰이 우선되어야 한다. 또한 학교자치를 이해하고 실천하기 위한 구체적인 방안과 쟁점을 논의하는 과정에서 만나게 될 학교 구성원의 동등성, 학교의 독립성, 학교자치에 따른 불평등과 질적 격차, 기구 간의 관계 설정 등은 반드시 짚고 넘어가야 할 문제이다.

특히 학교 현장의 학생·교원·학부모가 가진 학교자치에 대한 서로 다른 이해와 그로 인한 혼란 등을 허심탄회하게 털어놓고 공유하는 과정이 필요하다. 이것은 학교교육에 대한 주요 의사결정권 주체를 결정하는 부분이기에 학교자치에서 매우 중요하다. 학생은 진로·진학 준비 등의 목적을 갖고 학교교육에 임하고, 학부모는 교육이라는 거래의 수요자라는 생각으로 학교교육에 참여한다. 전체 교원의 생각이라고는 할 수 없지만, 많은 교사가 학교는 교사를 위해 존재하는 기관이라고 생각하고 행동하는 것 같다. 이와 같이 교육 주체가 학교교육에 서로 다른 목적이 있다면 학교자치의 비전과 방향은 어떻게 설정할 것인가? 비전과 방향이 공유되지 않는다면 무엇을 어떻게 할 수 있을까? 이런 측면에서 교육 주체의 학교자치 역량을 기르는 것이 무엇보다 중요하다. 역량은 학교자치에 대한 이해뿐 아니라, 진정한 학교자치를 실천하는 데 따라오는 책무성에 대한 각오도 포함된다.

언젠가 한 학교의 학교운영위원회에 참석한 적이 있다. 현 학교장의 퇴임을 앞두고 교육청의 지시(?)로 학교장공모제 신청 여부를 결정해야 하는 자리였다. 그런데 그동안 필자가 만나 온 많은 혁신적인 교사들에게 들은 것과 달리, 학교 내 대부분의 교사들은 교장공모제를 반대하였다. 교장공모제를 통해 만나게 될 교장은 개혁적인 마인드로 혁신적인 사업들을 추진할 것이고, 그에 따른 과다한 업무가 예상된다는 이유 때문이었다. 반면에 대부분의 학부모는 학교 변화를 기대하는 의지를 반영하여 교장공모제에 찬성하였다. 필자의 생각에 교육청이 교장공모제 신청 여부를 결정하라는 지시를 하지 않았다면 그런 논의조차 없었을 것 같았다. '학교자치'라는 교육적 지향이 현실에서 당장 어떻게 운영될지 예상되는 모습이었다.

얼마 전 학교자치 관련 토론회에서 '교사의 두 가지 마음! 험난한 자율 vs. 편안한 타율'이라는 한 교사의 솔직한 표현을 접한 적이 있다. 그와 같은 솔직한 고백을 한 교사는 "학교자치 정서가 교사의 마음속에

자라려면 교사들의 끊임없는 성찰과 노력, 그리고 지지와 격려의 시간이 동반되어야 한다."고 말했다.

결론적으로 학교자치는 교육의 민주주의 실현을 위하여 교육 주체인 학생·교원·학부모·지역사회에 자주성·자율성·참여권·활동권 등의 권한을 주겠다는 뜻이다. 이것은 지금까지 비대칭적이었던 교육에 대한 권한을 나누겠다는 의미이다. 지금까지 교육에 대한 권한은 중앙정부에 집중되어 있었다. 그 권한을 교육자치의 방향으로 지역 교육에, 교육 주체인 단위학교의 구성원에게 이양한다는 뜻이다.

수직적 위계 구조에서 상부로 갈수록 권한이 집중되어 있으면 실제 교육활동이 이루어지는 학교 현장의 자율권은 축소될 수밖에 없다. 따라서 교육부에서 교육청, 교육청에서 학교, 학교장에서 교감·부장교사로 연결되는 상급기관의 권한을 나누어 실제 교육활동의 자율성을 확대하자는 것이다. 이와 관련하여 가장 극단적이면서 익숙한 주장이 '교육부 해체' 같은 것인데, 이 주장은 현 교육제도와 상충되는 부분이 많다. 현재 교원의 신분, 교원 양성과 임용, 교원의 사회적 지위 등도 중앙집권적인 교육제도와 불가분의 관계를 이루고 있기 때문이다. 그런 점에서 분권과 자치의 범위를 명확하게 규정하고, 그 목표와 지향점을 분명하게 설정할 필요가 있다. 분권과 자치의 목표는 학교 운영 자율화, 그 핵심으로서의 학교와 교사의 교육활동(교육과정·수업·평가) 자율성 확보이다. 그 자율성의 기반 위에 학교 혁신이 실현된다. 그런데 분권과 자치에 대한 논의가 본래의 목표대로 나아가지 못하고 교육부와 교육청 간 권한 배분이나 이양 수준에서 멈춘다면, 학교 현장은 혼란만 확대될 것이다.

또한 교육 분권이 실현된다고 학교자치가 저절로 실현되는 것도 아니다. 학교 운영 전반의 자율성이 실현되어야 한다. 말하자면 국가 교육과정의 획일성으로부터 벗어나 창의적인 교육과정이 실현되고, 그것이 학생들의 미래역량을 신장시킨다는 사회적 동의가 있을 때 비로소 학교 교육과정의 자율성은 실현될 것이다.

학교자치에서 분권과 함께 교육의 책무성에 대한 논의도 매우 중요하다. 아니, 학교자치 실행 이전에 합의되어야 할 핵심 사안이다. 지금 우리 교육은 미래교육의 방향에서 '개별화 맞춤형 교육', '모든 학생을 위한 교육', '한 명의 아이도 놓치지 않는 교육'을 말하고 있다. 그런데 우리 학교 현장의 모습은 어떠한가? 학교교육은 따라오는 아이들만을 위한 교육이 된 지 오래다. 그래서 어느 순간부터 아이가 학교 공부를 못 따라가면 스스로를 탓하고, 사교육을 하지 않으면 무책임한 부모가 되었다. 교육에 대한 권리는 국가, 교육청, 학교, 교사가 갖고 있으면서 책임은 학생과 학부모만의 몫이었다. 30여 년 전 한 반에 60명 이상의 학생들을 놓고 지식을 주입하던 시대에는 학습 결과에 대한 책임에 과다한 학생 수와 전달해야 할 막대한 학습량 핑계를 댈 수 있었다. 그러나 지금은 많은 교육 환경이 달라졌는데 그 결과에 대한 책임은 여전히 학생들과 학부모의 몫이다.

무엇이 진정한 권한과 책임의 분배인가? 왜 권한과 책임의 분배가 필요한가? 학교자치는 미래교육의 비전을 실현하기 위한 방안이 되어야 한다. 개별화 맞춤형 교육을 위하여 교육과정의 자율성을, 모든 학생을 위한 교육을 위하여 수업의 다양성을, 한 명의 아이도 놓치지 않는 교육을 위하여 교수·학습의 자율성을 학교와 교사 그리고 교육 주체에게 이양하는 게 아닌가? 그렇다면 이제는 학생들의 성취와 학습 결과에 대한 책임도 학생들의 다양한 학습 방식, 잠재력, 흥미와 요구를 반영하여 가르치지 못한 학교와 교사들이 책임져야 한다. 학부모 또한 단순히 사교육 지원이 아닌, 자녀가 창의적이고 자기주도적인 학습을 이루어 나갈 수 있도록 지원하고 함께 노력하지 않는 것에 대한 책임을 져야 할 것이다.

학교자치 개선 방안 연구에서 제시한 교육 주체의 개선 노력에 대한 제안을 보면 다음과 같다(백종섭, 1999).

학교자치를 위한 학교공동체의 기능이 활성화하기 위해서는 중앙집권적인 규제를 완화하고, 많은 영역의 권한을 단위학교에 넘겨주고 지원하는 자치 기반의 확충이 필요하다. 또한 교원의 자율성과 전문성을 강화해야 한다. 아무리 많은 권한을 단위학교에 위임하였다 해도 이를 수행할 교원의 능력이 부족하다면 교육 현장은 또 다른 위기와 후퇴를 면치 못할 것이다. 이를 위하여 교원 양성 및 임용, 연수 등에 대한 재검토와 교원 자격 및 위상에 대한 강화, 평생교육의 관점에서 지속적 교원 역량 개발에 대한 제도적 장치가 필요하다.

　최근 교육자치에 따른 시·도교육감의 권한에 근거하여 국가직 공무원 신분인 교원의 능력 평가에 대한 자율성을 요구하면서 교원능력개발평가 제도 폐지를 주장하는 모습을 본다. 학생·학부모의 일회성에 그친 평가로 교원의 전문성을 평가받는 것에 대한 불신과 반감은 이해하지만, 제도의 한계를 보완하기보다는 평가 자체에 대한 폐지를 요구하는 것은 난감한 일이다. 학교자치를 준비하는 현재 시점에서, 교원능력개발평가는 학생과 학부모가 교육활동에 참여할 수 있는 유일한 방편이라는 점을 상기할 필요가 있다. 교원이 진정한 전문가로 인정받고 권한에 대한 자율권을 갖기 위해서는 그에 상응하는 전문가 집단으로서의 자정 노력과 제도 장치를 먼저 요구해야 한다. 예를 들어, 교육 현장에서 '폭탄 돌리기'로 표현되는 정신질환 문제 교원이나 심각한 부적격 교원의 퇴출 방안에 대한 자체적인 자정 장치 등을 스스로 제안하는 것은 전문가 집단이 해야 할 사회적 책임이다. 그런 노력과 책무성 없이 자율성만을 요구하거나 자치를 말한다면 교원에 대한 국민의 불신을 해소할 수 없을 것이다.

　또한 학부모의 출세주의적 교육관과 이기심도 극복되어야 한다. 많은 학부모가 교육은 우수한 상급학교에 진학하여 출세하는 수단이라고 생각한다. 이러한 그릇된 인식이 무분별한 경쟁과 왜곡된 교육열을 불러왔다. 교육 본질에 대한 왜곡과 비인간적 경쟁에 따른 계층 간 갈등과 사회적 양극화 현상은 교육을 넘어 우리 사회의 큰 문제로 인식되고 있다. 이제는 교육공동체 간 상호 협조와 연대를 위한 학교자치를 통하여 교육 민주주의 실현에 눈떠야 할 것이다.

마지막으로 지역사회는 지역 이기주의를 극복하고 건전한 교육공동체 의식을 갖추어야 한다. 지역사회는 직·간접적으로 교육 수혜자 집단에 속한다. 따라서 학교는 학생만을 위한 기관이 아니라, 지역사회의 발전에 공헌할 수 있는 방향으로 운영되어야 할 것이다. 지역사회 또한 학교 발전을 위해 함께 노력하고 지원하며 학교와 지역사회가 교육공동체로 함께 연대한다면, 지역 발전과 교육 발전을 동시에 이룰 수 있을 것이다.

흔히 "학교자치는 곧 학교민주주의다."라고 말한다. 다시 말하면, 학교민주주의가 정착되지 않은 학교에 자율성과 자치의 권한을 부여할 수 없다. 또한 내부 구성원의 소통과 참여에 의한 민주적 거버넌스 구축을 전제로 한다. 이때 구성원 개개인의 자율성과 공동체적 책임이 결합되어야 한다. 무엇보다 학교자치라는 권한과 자율성을 갖기 위해서는 민주적 거버넌스에 따른 자정 능력이 필요하다. 그렇지 않고 학교자치라는 명목으로 자율성의 극대화만 요구한다면, 책임에 대한 진정성 있는 고민이 없을까 우려스럽다.

진정한 학교민주주의는 학교의 비전과 교육목표 설정부터 교육과정 운영, 교육활동 평가와 피드백의 과정까지 모든 구성원이 민주적으로 참여하는 것을 전제로 한다. 그 과정이 작동하기 위해서는 분권의 원리와 책무성은 꼭 필요하다. 진정한 학교자치는 학교 스스로 내적 책무성을 가질 때 실현될 수 있기 때문이다. 이런 과정에서 모든 학교 구성원은 민주시민으로서의 자질과 역량을 기를 수 있게 된다.

학교자치 시대의
학교 체제에 대한 전망

혁신학교의 성장과 한계

지방교육자치의 세 가지 원리는 중앙집권적 교육으로부터 분권화, 일반 행정으로부터 전문성, 지역 주민의 교육 요구 반영을 위한 주민 통제이다. 이러한 교육자치 원리에 비추어 보면, 2009년 경기도교육감 선거는 교육자치 역사의 중대한 분기점이었다. 학교 운영위원으로 구성된 선거 인단에 의한 간선제에서 주민 직선에 의한 선거였으며, 무상급식과 혁신학교라는 대담한 공약이 제기되고 실행되는 주춧돌 역할을 하였기 때문이다. 무상급식, 혁신학교, 학생인권조례 등 각종 교육정책을 아래에서 위로 추진하는(bottom-up) 결정적인 계기가 되었다.

혁신학교[4]는 학생·교원·학부모 등 교육 주체 간 소통과 협력을 바탕으로 학교를 운영한다. 기존의 교육부–시·도 교육청–교육지원청–학교로 이어지는 관료적 통제 중심 시스템에서 벗어나, 학생의 성장과 발달을 위한 교수·학습 중심의 학교 운영 시스템을 구축하려는 시도라 할 수 있다. 자율과 자치의 학교문화, 단위학교 중심의 교육과정 재구성, 각종 불합리한 관행 폐지, 성장 중심의 학생교육관 등을 기반으로 공공성·창의성·민주성을 혁신학교의 핵심 가치로 삼았다. 나아가 혁신학교 정책은 한국 교육에 새로운 이정표를 마련하였는데, 학생·현장 중심 교육정책과 학생·현장 주도 교육정책으로 나아가는 기틀이 되었다. 이러한 혁신학교의 철학과 가치는 2010년 6개 시·도 교육청, 2014년 13개 시·도 교육청, 2018년 15개 시·도 교육청의 공약으로 나타나고 실행되는 계기가 되었다.

혁신학교가 출항한 지 10년이 경과하고 있다. 그런데 혁신학교는 전국적으로 살펴보면 1,714교(2019년 3월 기준)로 전체 학교의 14.7%이다. 이제는 혁신학교의 지속가능성[5]에 대한 공과를 냉철하게 따져 보고, 새로운 도약을 시도할 때가 되었다. 특히 교육 혁신의 지속성을 담

---

4 공교육의 혁신과 내실화를 위한 실험학교로서의 의미를 지니고 있으며, 각 시·도에 따라 명칭은 다양하다. 경기·서울·광주·전북은 혁신학교를 사용하지만, 다행복학교(부산), 행복배움학교(인천), 행복더하기학교(강원), 행복나눔학교(충남), 무지개학교(전남), 다혼디 배움학교(제주), 행복씨앗학교(충북) 등의 명칭을 사용하기도 한다.
5 최근 서울에서는 신설 학교를 중심으로 혁신학교 지정을 둘러싼 학부모 간 학력 논쟁이 일고 있다.

보하기 위해서는 교육부의 막강한 권한, 교육과정 운영 시스템, 교원 인사제도 등 넘어야 할 난관이 많다. 한국 교육의 고질적인 병폐인 지시와 통제 중심의 교육행정, 대학 입시 중심의 교육과정, 교원 순환근무제 등 수많은 문제가 혁신학교의 지속가능성을 어둡게 하고 있다.

공교육 예산의 30%에 해당하는 사교육비[6] 지출!

PISA 학업성취도는 높으나 학생 삶의 만족도[7]는 OECD 최하위!

자아실현과 민주시민교육보다는 대학 입시에 치중하는 학교교육!

높은 대학 진학률과 졸업자의 높은 실업률!

교사의 낮은 자기효능감과 공교육에 대한 신뢰도 하락!

이와 같은 각종 교육지표와 함께 가정 배경에 따른 교육 불평등, 학령인구 감소, 다문화 교육, 통일 교육, 인공지능 시대의 평생교육 등 우리 교육이 풀어 나가야 할 난제들이 밀물처럼 다가와 있다. 이 많은 문제를 어떻게 해결할까? 교육 관련 종사자뿐 아니라, 이 시대를 살아가는 모두가 풀어 나가기를 바라는 문제이기도 하다.

---

6 2018년 기준으로 우리나라 교육 예산은 68조 2,322억 원이며, 사교육비는 19조 5,000억 원이다.

7 한국 학생 '삶의 만족도' OECD 꼴찌 수준(EDUJIN, 2017. 4. 21)

우리나라 학교자치의 현실

지난 30년간 지속적으로 논의되어 온 중앙집권적 관료주의에 대한 문제점과 대안, 그리고 이를 바탕으로 한 미래교육에 대한 구체적인 논의와 사회적 합의는 아직도 지지부진하기만 하다. 기대를 걸었던 국가교육위원회 설립, 초·중등교육의 이양 등 교육개혁안도 더디기만 하다. 이러한 시점에서 각종 교육 문제 해결의 근원적인 실마리로 등장한 혁신학교의 미래를 학교자치 관점에서 되짚어 보고자 한다.

우리나라에서는 학교자치에 대한 개념이 분명치 않다. 외국에서 사용하는 용어와 국내에서 사용하는 용어가 변형, 혼재되어 사용되고 있다. 즉, 단위학교 책임경영제(school based management), 차터 스쿨(charter school), 스쿨 임파워먼트(school empowerment), 학교 자율경영체제, 학교자율화, 학교민주주의 등 5~6개의 유사어가 혼용되어 사용되고 있다. 이러한 학교자치 관련 용어를 필자는 다음의 의미로 재개념화한다.

단위학교 구성원의 운영 주체화, 즉 학생·교원·학부모(지역사회)가 학교 운영과 교육과정, 교직원 인사, 재정 등 의사결정 과정에 참여하고 협력한다는 공동체적 의미이다. 이른바 외부(국가·교육청)의 간섭과 통제를 최소화하는 한편, 학교 구성원의 자율과 책임을 극대화한다는 원리이다.

그렇다면 현 시점에서 왜 학교자치가 교육개혁의 대안으로 떠오르는지 살펴볼 필요가 있다.

첫째는 서지오바니(T. J. Sergiovanni)가 언급한 학교의 변화와 혁신이라는 관점이다. 서지오바니는 외부(국가·교육청 등)의 요구에 의한 타율적인 변화를 '일차적 수준의 변화', 학교 내부 구성원의 자율적 역량 발휘를 통한 변화를 '이차적 수준의 변화'라고 구분하였다.

그런데 일차적 수준의 변화는 개별적이고 점진적이며, 한시적으로 발생한다. 외부의 관심과 간섭이 큰 영향력을 가지며, 내부 구성원은 법률과 규제에 의해 직무를 수행하는 한계점을 지니고 있다. 하지만 이차적 수준의 변화는 내부 구성원의 의지에 의해서 조직의 구조·목적·역할 등 운영 방식 자체의 수정과 재구조화가 이루어진다. 그러므로 이차적 수준의 변화를 꾀하는 것이 학교의 변화와 혁신에 더 효과적이라는 입장이다. 즉, 보다 지속적이고 근원적인 학교 혁신을 위해서는 학교 구성원의 자발적인 의지에 근거한 이차적 수준의 변화를 꾀해야 한다는 것이다. 이것은 학교자치에서 추구하는 목적과 일치한다.

둘째는 사시킨(M. Sashkin)과 에거마이어(J. Egermerier)의 네 가지 학교 혁신 전략으로, 부분 변화, 교직원 변화, 학교 변화, 시스템 변화이다(Hall & Hord, 2013). 이것을 혁신 교육에 비추어 보면 프로젝트 학습, 협동학습, 교육과정 재구성 등은 부분 변화에 해당하고, 학생과 교문에서 인사 나누기, 배려와 존중의 공동체 만들기 등은 교직원의 변화이다. 또 교육과정위원회, 학교폭력예방위원회 등 각종 위원회 구성원의 참여적 의사결정은 학교 변화이다. 그리고 시스템 변화는 학생·교원·학부모 등 학교 구성원 간 상호의존성에 근거한 총체적인 변화를 의미한다. 부분 변화부터 시스템 변화까지 일련의 총체적인 변화를 추구하려면, 학생·교원·학부모에게 상당한 권한이 있어야 한다. 이것은 학교자치의 개념과 동일하다.

셋째는 하그리브스(A. Hargreaves)와 셜리(D. Shirley)의 제4의 길이다. 학교교육을 국가, 즉 중앙집권적 차원에서 통제하고 국가 교육과정을 표준화하는 것이 제2의 길이다(Hargreaves & Shirley, 2012). 우리 교육도 중앙집권적 통제 체제에서 지방분권적 지원행정 체제로 전환하는 것이 교육 혁신의 최우선 과제이다(전성은·이재강, 2014). 제4의 길에서 국가(중앙정부)의 역할은 비전 제시와 지원에 충실하고, 교사의 전문성과 참여의 활성화, 시민 대중의 참여 기회를 확대하는 것이라고 언급하였다. 이러한 제4의 길은 세계 각국이 벤치마킹하고 있는 북유럽 국가 모형인데, 그 중심에 학교자치가 있다고 할 수 있다.

넷째는 세계 교육개혁의 흐름이다. 전통적인 학업성취도와 국가 통제, 교육과정의 표준화에 의한 책무성 등 과학적 관리론에 의한 20세기 교육개혁은 쇠퇴하고 있다. 그 대신 교원의 전문성에 입각한 아래에서 위로의 교육정책과 학교 조직의 재구조화를 강조하는 경향이 나타나고 있다. 교사를 바라보는 시선 또한 단위학급 내 고립된 교사(isolated teacher)에서 동료 교사들과 함께 논의하고 실천하는 협력하는 교사로 바뀌고 있다(Hall & Hord, 2013).

이러한 세계 교육개혁의 흐름은 2000년대 국내 교육개혁 흐름과 일치한다. 혁신교육에서 추구하는 구성원의 자발성에 기반한 참여, 교육부·교육청에서 단위학교로의 권한 위임과 이양, 학교장의 변혁적 리더십, 학생자치, 학부모·지역사회와의 네트워크 등으로 나타나는 교육개혁 정책은 최종적으로 학교자치의 맥락과 맞닿아 있다. 따라서 학교자치 관점에서 우리나라 학교의 제반 상황을 살펴보는 것은 매우 큰 의미를 지니고 있다.

박세훈(2000)은 학교자치를 외생적 변인, 내생적 변인, 과정 요소, 산출 요소 등 네 가지로 정의하였다. 교육부와 교육청의 방침, 사회문화적 요구를 외생적 변인, 학교의 자율성과 구성원의 참여를 내생적 변인으로 보았다. 그리고 교육과정, 예·결산, 교원 인사에 대한 참여 제고를 과정 요소로, 학교 효과성과 학교 질 제고를 산출 요인으로 보았다.

이 가운데 과정 요소에 대한 학생·교원·학부모의 학교자치 인식 실태를 살펴보면(김혁동 외, 2018a), 현재의 학교자치 양상을 보다 자세하게 파악할 수 있다. 경기도 초·중등 243개교(전체의 10%)를 층화군집에 의해 표집한 중·고생 1,559명, 교원 1,266명, 학부모 1,955명이 학교 조직 운영(학교 비전 설정과 공유, 학사일정 편성, 학칙 재·개정), 교원 인사(교장공모제, 교사초빙제), 교육과정(교육과정 재구성, 창체 편성, 학생자치활동), 재정(학교 예산·결산, 자치회 예산, 교복·체육복 선정) 등 4개 분야 의사결정 과정에 대한 참여 정도와 기대 정도를 살펴보았다. 각 교육 주체별 참여 정도는 교원 〉 학생 〉 학부모 순이다. 그리고 학교 유형에 따른 참여 정도는 혁신학교 〉 일반학교(공감학교)였으며, 학교급에 있어서는 초 〉 중 〉 고로 나타났다. 교육 3주체별 참여 정도는 교원, 특히 교장(감) 중심으로 학교의 중요한 의사결정이 이루어지고 있음이 밝혀졌다. 이러한 연구 결과로 보아 우리나라의 학교자치는 매우 미약한 수준이며, 아직 갈 길이 먼 것을 의미한다.

우리나라와 유럽의 학교자치 비교

학교자치는 단위학교별 학교 운영, 교육과정, 교원 인사, 재정에 있어서 학생·교원·학부모(지역사회)가 주체적으로 참여하고, 자율적으로 의사결정을 내릴 수 있는 것이다. 학교자치는 단위학교가 하나의 법인으로서 자주적인 의사결정과 책임이라는 권한을 가질 때 가능하기 때문이다. 임소현 외(2018)의 여론 조사에서도 우리나라 국민은 유·초·중·고 교육정책의 수립, 필수 교육과정의 결정 및 학생의 표준학습성취 기준 마련에 대한 권한은 시·도교육감이, 학생의 기초학력 성취 보장에 대한 권한은 단위학교 교장이 갖는 것이 바람직하다고 응답하였다. 이러한 결과는 현 정부의 교육 공약인 지방교육자치단체로의 초·중등교육 권한 이양에 대한 지지라고 해석할 수 있다.

학교자치에 대한 심층적인 연구를 위해 국내 3개 학교(초·중·대안학교)의 학생·교원·학부모를 면담하여 학교자치 실태를 살펴보았다. 또 유럽 3개국(독일·스웨덴·핀란드)의 6개 학교와 교육기관을 방문하여 20명의 교원과 관계자를 면담 조사한 결과 우리나라 학교자치와 유럽 3개국의 학교자치 간에는 현격한 차이가 있었다(김혁동 외, 2018a).

우리나라의 경우 혁신학교로 지정된 초·중학교는 교원을 중심으로 교육과정을 재구성하고, 학생자치와 학부모회, 학교운영위원회를 활성화하는 등 많은 노력을 하고 있었으며, 일정한 교육적인 성과도 있었다. 그러나 독일·스웨덴·핀란드의 학교자치 상황과 비교하면 상당히 낮은 수준이라 할 수 있다.

우선적으로 우리나라는 유럽 3개국에 비해 중앙정부가 많은 권한을 갖고 있다. 유럽 3개국은 연방제 국가 또는 이에 준하는 형태여서 주(州)별·학교별로 자치가 이루어지고 있다. 일례로 국가수준의 표준화된 교육과정이 존재하지 않으며, 학교별·교사별 교육과정이 가능한 구조이다.

학생·교원·학부모 등 단위학교 구성원 간 신뢰와 협력의 문화에서도 차이점이 나타났다. 유럽 3개국은 학생·교원·학부모가 교원 임용 단계에서부터 교육철학과 가치관을 파악하는 등 구성원 간 소통과 신뢰를 기본적인 토대로 하고 있다. 나아가 3주체 대표들이 월 1회 정도 정례적인 협의회를 열어 각종 현안 문제를 논의하고 해결하는 구조가 자리 잡고 있었다. 그리고 단위학교에서 임용된 교원은 인사이동 연한에 관계없이 근무할 수 있다는 점도 구성원 간 관계성을 원활하게 하는 요인으로 작동하였다.

이에 비하여 우리나라 교원의 임용 구조는 교장공모제, 교사초빙제를 시행하고 있지만, 교육 3주체의 참여 범위가 제한적이다. 공립학교 교원은 교육청의 인사 시스템 중심으로 임용되는 구조이고, 제한된 근무 연수라는 규정에 의존하고 있다.[8] 결국 이러한 요인은 학교 구성원 간 소통과 신뢰 형성에 장애물이 되고 있다.

단위학교 지원 체제에 있어서 유럽 3개국은 학교와 교사의 자율성이 폭넓게 인정되고 있다. 지방교육국으로부터 학생 수에 비례하여 학교 예산이 지급된다. 예산 사용은 단위학교 구성원이 논의하여 결정·집행하는 구조이므로 행정적인 업무를 교장과 비서 1~2인이 처리하고 있다. 예를 들어 학생이나 학부모의 요구에 따라 특정한 과목의 교사가 더 필요하다는 결론이 나면 교육국에 의뢰하거나 학교가 직접 공고를 내어 적격자를 채용한 후 교육국에 보고하는 형식이다.

이러한 유럽 3개국의 학교자치 상황에 비하여 우리나라 학교자치가 빈약한 원인을 정리하면 다음과 같다.

첫째, 학교자치의 형식적인 권한 배분이다.

교육부의 초·중등교육 행정업무는 418건이다. 이 가운데 순수한 교

---

8   이 점에서 공립과 사립의 차이가 있다. 공립학교는 순환근무제이지만, 사립학교는 단위학교 근무 기간에 제한이 없어 학생·교원·학부모 등 구성원 간 신뢰 형성과 유지 면에서는 우월하다.

육부 행정업무 28건을 제외하면, 390건의 행정업무는 시·도 교육청 업무이다. 그런데 이 중 337건은 조례·규칙·지침·공문의 형태로 단위학교로 전달되는데, 이것은 단위학교가 실행해야 할 구속력을 갖는다. 따라서 매년 1만~1만 2,000건의 공문 형태로 마주치게 된다(김혁동 외, 2018b). 또한 교육부는 교육청에 대한 포괄적인 지도·감독권을 갖고 있다. 매년 시·도 교육청을 평가하고, 이에 따라 인사와 재정적인 인센티브를 부여하고 있다.

둘째, 신자유주의적 교육정책이다.

1997년 금융위기 이후 구성원 간 다면 평가나 성과급 등의 형태로 교육 분야에서도 경쟁과 효율성을 중시하는 풍토가 조성되었다. 교원 간의 경쟁 구도는 학교단위의 전문성 축적보다는 교원 개개인의 전문성에 치중하도록 하였다. 또 학부모와 학생에 의한 교원 평가는 공동체성보다는 상호 불신의 관점에서 최소한의 거리를 유지하는 관계성을 낳았다. 이러한 신자유주의적 교육정책으로 인하여 단위학교가 사회적 자본을 만드는 데 실패하였고, 교육 주체인 학생·교원·학부모가 공동체성을 구축하는 데 장애물이 되었다. 나아가 교원의 고립적인 풍토를 고착화하고, 단위학교 교원 간 협력의 질을 떨어뜨리는 요인으로 작용하였다.

셋째, 학교운영위원회 제도의 미비이다.

학교운영위원회는 학교자치의 핵심적인 기구로 5·31 교육개혁의 총아로 등장하였다. 그러나 교육 3주체의 참여가 미진하여 실질적인 의사결정 참여와 반영이 없는 유명무실한 자치기구가 되었다. 특히 관련 법률의 미비로 3주체의 기간 조직(학생자치회, 학부모회, 교직원자치회)이 없는 상태에서 의사결정의 수렴과 대표성이 상실된 채 운영되었다. 또 학생의 참여가 없어 그들의 의사가 반영되지 않는 학교운영위원회가 되고 있다.

넷째, 교육의 공공적 가치의 소홀이다.

학교자치 역량이 준비되지 않은 상태에서 이루어진 2008년 학교 자율화 정책은 신자유주의적 교육정책을 강화하는 결과를 가져왔다. 학교 자율화에 의해 단위학교의 재량에 따라 20% 증감 운영할 수 있는 교육과정 편성권은 입시 중심 교과의 편성으로 이어졌다. 이에 더해 성적 우수자 중심의 교육과정 편성, 대학 입시 전형을 위한 각종 대회 개최 등을 합법화하는 결과를 가져왔다. 학교 구성원의 학교 운영에 대한 참여와 합의가 허술한 상황에서 부여된 자율성이 얼마나 위험한지를 깨닫는 계기가 되었다.

학교자치의 전제 조건과 방향

지방교육자치를 시행한 지 30년이 되었지만, 우리 사회는 교육자치의 최종적인 목적지에 대해서는 아직 합의를 이루지 못했다. 그만큼 실질적인 교육자치가 이루어지지 않고 있다는 반증이다. 또 지방자치는 기초단위의 자치가 시행되고 있으나, 교육자치는 광역단위로 시행되고 있다. 그리고 교원은 국가직 공무원이고, 일반교육행정직은 지방직 공무원이다. 반면 외국의 경우에는 지방자치와 교육자치가 통합[9]되어 있는 경우도 적지 않으며, 교원 임용이 단위학교나 교육청 단위로 이루어지고 있다.

최근에 발표된 자료를 보면, 우리나라의 학교 자율성은 낮은 것으로 나타났다. 우리나라의 경영진 중심 학교 자율성과 공동체 중심 학교 자율성 수준은 분석에 포함된 29개국 가운데 23위를 차지했으며, 비교적 중앙집권적인 교육제도를 갖추고 있는 것으로 알려진 싱가포르(9위)나 프랑스(19위)와도 분명한 격차를 나타내고 있다(이동엽 외, 2018). 그러므로 학교 자치를 위해서는 교육부의 초·중등교육 행정업무 전반에 대해 검토하고, 사항에 따라 타율 규제가 아닌 학교 자율 규제로 전환할 필요가 있다. 즉, 지금은 학교 운영 실행권은 학교에 있지만, 감독권은 교육부·교육청에 있는 체제인데, 감독권과 실행권 모두 단위학교에 일임하는 체제로 전환하는 것이다.

현재 우리나라는 학교에 제한적인 교육과정 운영권만 허용하고 있다. 장학지도권은 교육부 장관과 교육감에게 있다. 따라서 교육감과 교육부

---

9 핀란드·스웨덴·독일 등 유럽은 통합형이 많다. 미국은 분리형이나 교육감 선출 방식은 주(州)마다 다르다.

장관은 언제든지 학교 교육과정에 개입할 수 있는 권한이 있다. 이러한 상태에서 단위학교의 자율적인 교육과정 편성과 운영, 평가는 불가능하다. 따라서 학교자치를 저해하는 법령[10]에 대한 대대적인 정비가 우선적으로 이루어질 필요가 있다. 즉, 단위학교 구성원이 제반 학교 운영에 대한 실질적인 자치권을 소유해야 실질적인 학교자치가 가능하다.

학교자치 실현을 위한 제안 모형

혁신학교가 가능했던 것은 「초·중등교육법」 제61조[11]와 「초·중등교육법 시행령」 제105조의 법적인 뒷받침이 있었기 때문이다. 즉 학교 상황에 맞추어서 구성원 간 논의와 협의를 통해서 교육과정 운영에 대한 자

10 1. 「교육기본법」 제17조(국가 및 지방자치단체) 국가와 지방자치단체는 학교와 사회교육시설을 지도·감독한다.
  2. 「초·중등교육법」 제7조(장학지도) 교육감은 관할 구역의 학교를 대상으로 교육과정 운영과 교수(敎授)·학습 방법 등에 대한 장학지도를 할 수 있다.
  3. 「초·중등교육법 시행령」 제8조(장학지도) 교육감은 법 제7조에 따라 장학지도를 하는 경우 매 학년도 장학지도의 대상·절차·항목·방법 및 결과 처리 등에 관한 세부 계획을 수립하여 이를 장학지도 대상 학교에 미리 통보하여야 한다.
  4. 경기도교육청 지구장학협의회 운영 규정[경기도교육훈령 제272호]
11 「초·중등교육법」 제61조(학교 및 교육과정 운영의 특례) ① 학교교육제도를 포함한 교육제도의 개선과 발전을 위하여 특히 필요하다고 인정되는 경우에는 대통령령으로 정하는 바에 따라 제21조 제1항·제24조 제1항·제26조 제1항·제29조 제1항·제31조·제39조·제42조·제46조를 한시적으로 적용하지 아니하는 학교 또는 교육과정을 운영할 수 있다. ② 제1항에 따라 운영되는 학교 또는 교육과정에 참여하는 교원과 학생 등은 이로 인하여 불이익을 받지 아니한다. [전문개정 2012. 3. 21.]

율권을 행사할 수 있고, 이에 알맞은 지원 체제를 갖출 수 있는 재량권이 있었기 때문이다. 아주 좁은 의미의 학교자치가 실행될 수 있는 환경이 조성되었다고 할 수 있다. 이것은 초보 단계의 학교자치라고 할 수 있다. 그러므로 한 단계 더 나아가는 혁신학교 단계, 즉 중장기적 관점에서 학교자치 청사진을 마련할 필요가 있다. 이것은 혁신학교의 한계를 극복하기 위한 대안이기도 하다.

학교자치는 단위학교가 조직 운영, 인사, 교육과정, 재정 등에 있어 학생·교원·학부모 등 구성원의 참여·협력·책임으로 운영되는 구조이다. 그러므로 이러한 조직 운영, 인사, 교육과정, 재정에 있어서 교육부-교육청-학교로 이루어지는 종적인 권한 구조와 교내 의사결정에 있어서 교장(감) 중심의 횡적인 권한 구조에 대한 개혁이 동시에 이루어져야 효과적이다.

혁신학교가 가능했던 「초·중등교육법」 제61조는 학교자치의 종적인 구조에 해당한다면, 경기도 혁신학교의 자치공동체, 생활공동체, 전문적 학습공동체는 학교자치의 횡적인 구조라 할 수 있다. 그러므로 혁신학교의 한계는 학교 조직 운영, 인사, 교육과정, 재정에 대한 종·횡적인 구조가 갖는 구조적 결함의 문제라고 할 수 있다. 따라서 학교자치의 필요충분조건은 단위학교가 하나의 법인으로서 조직의 운영, 인사, 교육과정, 재정에 대해 자율적으로 권한을 행사하고, 이에 대한 공동체적인 책임을 지는 것을 의미한다.

1. 조직 운영에서의 학교자치

조직으로서 단위학교가 갖추어야 할 것은 학교공동체의 비전 설정과 공유이다. 흔히 '교훈'이라는 이름으로 불리기도 하지만, 문제는 비전 설정 과정에서 구성원의 참여이다. 학생·교원·학부모 간 공유되는 비전은 학교의 정체성과도 관련이 있다. 즉, 학교가 표방하는 비전은 무엇이며, 이 비전을 위해 어떠한 교육활동이 이루어져야 하는지 구성원 간 공감대가 형성되어야 공동체라고 할 수 있다.

그리고 공유된 비전을 달성하기 위한 학교 조직 구성권, 학교 교칙, 헌장 등에 대한 권한은 당연히 구성원에게 주어져야 한다. 학교의 비전 설정에 적합한 조직 구성, 학교 교칙 및 헌장 설정 등에 대한 자율권을 단위학교가 갖고 행사할 때 학교자치가 시작된다고 할 수 있다. 이것은 동시에 앞에서 언급한 자율 규제와도 관계가 있다. 모든 학교가 비슷한 시기에 동일한 행사를 하는 것은 무엇 때문인가? 그것은 '○○년도 ○○○ 계획'이라는 이름으로 교육부 - 교육청(지원청) - 학교로 이어지는 수직적인 구조를 통해 일괄적인 학교 운영안이 내려오기 때문이다. 무엇이 우리 학교의 비전을 실현하는 데 가장 적합한 교육활동인지를 잘 판단할 수 있는 사람은 학교 구성원인 학생·교원·학부모이다. 따라서 학교의 교육활동에 대한 계획과 실행권, 그리고 이것을 실행할 수 있는 조직 운영의 결정권을 구성원에게 이임할 때 학교자치가 시작된다.

2. 교원 인사에서의 학교자치

본격적인 학교자치를 위한 또 하나의 난관은 교원 인사제도이다. 현재 교원은 국가직[12] 공무원으로 임용·전보·퇴직 등에 있어서 「교육공무원법」의 적용을 받는다. 이것은 지방교육자치나 학교자치 입장에서 보면 장애물이다.

우선 어느 지역의 교원이 더 필요하다고 해도 타 지역 교원의 전보로 충원하도록 중앙인사위원회에서 조정하기 때문이다. 각 지방교육자치단체가 추구하는 가치나 교육철학을 학교 현장에서 실천하려면 그 가치를 내면화한 교원이 필요하다. 그런데 교원 임용 시험 1차는 전국적으로 같은 날, 같은 문제로 치러진다. 각 시·도 교육시책은 2차 시험(최종 선발 인원의 1.5~2배수)에서나 변별할 수 있는 구조이다. 더욱 심각한 문제점은 각 학교의 상황에 적합한 교원보다는 임용 당시 성적에 의해서 근무 학교가 결정된다는 점이다. 예를 들어 생태학습을 추구하는 학교에서는 생태학습에 전문성을 지닌 교사가 임용된다면 교육과정 운영에 보다 긍정적인 영향을 줄 수 있다. 그런데 단위학교에는 교사를 선택할 수 있는 권한이 거의 없다. 이러한 현상을 보완하고자 교장공모제와 교사초빙제를 실시하고 있지만, 정책에 그치고 있어서 별다른 효과를 내지 못하고 있다.

---

12 교원 가운데 교육전문직이라고 하는 장학사(관), 연구사(관)는 지방직 공무원이다. 하지만 다시 학교로 돌아가면 국가직 공무원이 된다. 말하자면 근무지에 따라 달라지는 것이다.

최근 경기도교육청은 교장공모제의 경우 학생과 학부모 전원이 참여하는 구조로 바꾸고 있다. 바람직한 현상이다. 교원 임용권을 점차적으로 시·도 교육자치단체에 이양해야 하며, 나아가 학생·교원·학부모의 참여하에 임용되는 구조로 전환될 때 명실상부한 학교자치가 가능해진다. 특히 고교학점제가 본격적으로 실시되기 위해서는 학교 구성원의 요구에 따른 교육과정 편성·운영이 이루어져야 한다. 이를 위해서는 학교별 다양한 요구를 수용할 수 있는 교원이 임용되는 구조가 뒷받침되어야 한다. 독일·스웨덴·핀란드에서는 학교단위 교원 임용 구조가 자리 잡고 있다. 지역에 따라 자격 요건에 해당하는 최소한의 가이드라인 정도가 있지만, 임용 과정에서 임금까지 협의하고 책정되는 구조를 갖추고 있다. 우리나라 또한 국가직 교원 시스템에서 지역별 교원공모제를 도입한 후 서서히 학교별 공모제 형식으로 나아가는 인사 시스템으로 전환할 필요가 있다. 임용 과정에서 학교공동체가 추구하는 가치와 교육철학을 확인하고, 학생·교원·학부모 간 소통과 신뢰감을 형성하고 구축하는 교원 인사제도는 학교자치를 앞당기는 역할을 할 것이다.

3. 교육과정에서의 학교자치

학교의 핵심 활동은 교육과정이다. 학교공동체가 추구하는 인간상을 교육과정을 통하여 이루어 내기 때문이다. 따라서 학교 구성원이 공통적으로 추구하는 철학이나 가치관을 교육과정에서 어떻게 구현해 낼 것인지가 중요하다.

그런데 우리 현실은 어떠한가? 전국의 모든 학교가 정형화된 교육과정을 실행한다. 국가가 교육과정 편성권을 갖고 있기 때문이다. 21세기 핵심역량을 갖춘 창의적인 인재 육성을 위해서 개별화된 학습 환경이 무엇보다 요구되는 지금, 이러한 국가단위 교육과정의 흐름은 개별 학생의 성장과 발달을 위한 교육으로 나아가지 못하고 있다. 학생들이 학교 수업 시간에 잠을 자고, 학교 밖 청소년이 늘어나는 이유도 교육과정이 학생들에게 '의미 있는 시간'으로 인식되지 못하고 있기 때문이다. 이러한 상황을 타개하고자 혁신학교에서는 교육과정의 재구성, 지역화 교육과정 등을 도입하고 확대하려는 시도를 끊임없이 해 왔으나 적지 않은 한계가 있다.

　그렇다면 학교자치 측면에서 교육과정은 어떠해야 하는가? 우선 단위학교와 교사가 전문적 자율성을 갖고 교육과정의 편성·운영과 평가에 권한을 행사할 수 있어야 한다. 학생·교원·학부모(지역사회) 등 학교 구성원이 참여하고 논의해서 만든 학교 교육과정을 최우선적으로 여기는 제도적인 뒷받침이 필요하다. 이것은 단위학교 교사에게 교육과정에 대한 자율권이 허용되는 교사별 교육과정의 일환이라고 할 수 있으며, 단위학교가 교육의 중심임을 의미하는 것이다.

　한시적으로는 현재 실행되고 있는 각 학교 교육과정위원회를 보다 확대하고 실질화해야 한다. 국가 교육과정이라는 제한된 범위에서나마 학생·교원·학부모가 참여하는 학교 교육과정위원회에서 우리 학교에 적합한 교육과정 재구성과 그 실천 방안을 논의하고 결정하는 학습 경험을 늘려 가야 한다. 이러한 과정 자체가 민주주의를 실천하는 과정이자, 살아 있는 민주주의를 몸으로 익히는 학습이다. 이는 다가올 학교별 교육과정에 대한 준비이기도 하다.

　우리 학교 학생들에게 적합한 진로교육과 교과교육은 무엇이며, 난이도는 어느 정도여야 하는지는 학교 구성원이 가장 잘 알고 있다. 그러므로 학교 구성원이 교과과정 구성에 주체적으로 참여해야 한다. 교육과정위원회에서 교수요목을 설계하면, 교재 선택과 수업 방식은 전문성을 지닌 교사의 몫으로 남기고, 실천에 대한 평가는 다시 교육과정위원회에서 하는 방식으로 전환할 때 의미 있는 교육과정이 될 수 있다. 이것이 바로 단위학교 교육과정 역량이다.

　교육과정 문제와 동반되는 것이 교과서이다. 과도기적으로는 지역단위 교과서 편찬도 생각해 보아야 한다. 초등학교의 사회과 지역화 교과서가 좋은 예이다. 1990년대 말 시작된 사회과 지역화 교과서는 시·군별로 교원을 중심으로 지역사회 연구자와 관련 기관에서 연구·개발하여 활용하고 있다. 자신이 살고 있는 지역의 역사와 유래, 해결해야 할 문제를 파악하고 해결 방안을 탐구하는 과제를 수행하는 과정은 학생들이 '유의미한 학습'으로 나아가는 원동력이 된다. 학교가 보다 유의미한 학습 경험을 제공하려면 학생 개개인의 삶과 꿈으로 연결되는 교육과정으로 나가야 한다. 이를 위한 필수적인 환경이 학교별·교사별 교육과정을 넘어서는 학생 주도 교육과정이다. 이를 위해서는 우선적으로 단위학교 중심의 교육과정 편성·운영과 평가권을 갖는 학교자치가 핵심이다.

4. 교육 재정에서의 학교자치

2011년 학교회계 처리 지침에 따라 학교 운영비는 학교의 자율적인 집행이 가능하도록 총액 교부 방식으로 제도적인 개정을 하였으나, 별다른 효과가 없는 상태이다. 학교 예산의 편성·집행·평가(감사)에 실질적인 자율성이 없기 때문이다. 학교 예산은 편성 과정에서부터 교육 주체의 능동적인 참여가 보장되지 않은 상태에서 출발한다. 또 많은 예산이 목적사업비로 해당 사업에만 지출할 수 있다. 그렇다 보니 담당자는 예산의 쓰임, 즉 효과성보다는 정산(감사)에 치중하게 된다.

그러므로 학교자치 시대에는 학교 구성원에게 예산의 편성·집행·정산(감사)과 관련된 일체의 권한과 책임을 부여하는 것이다. 그리고 목적사업비가 아닌 학교 기본운영비로 지급하여 자율성과 책임성을 동반케하는 구조여야 한다. 이렇게 될 때 학생·교원·학부모 등 교육공동체는 예산의 사용에 대해 고민하게 된다. 즉, 학교 현안 문제 해결을 위해서 무엇을 해야 하며, 얼마의 예산이 뒤따라야 하는지를 논의하게 된다. 이러한 일련의 과정이 학교민주주의이며, 학교자치의 경험이다.

경기도교육청에서 시작한 학교주도형 종합감사는 학교 예산에 대한 구성원의 참여와 책임에 바탕을 둔 것이라고 할 수 있다. 구성원 스스로가 학교의 살림살이를 파악하여 실행하고 평가(감사)한다는 것은 재정분야의 학교자치를 위한 진일보된 정책이라고 볼 수 있다.

위에서 논의한 내용을 중심으로 단위학교에서 자치를 구현하기 위한 모형을 제시하면 다음과 같다(김혁동 외, 2018a).

[표 3-1] 단위학교에서 자치를 구현하기 위한 모형

| 환경 ·요인 | 학생 · 교원 · 학부모의 참여 · 협력 과정 | 학교 효과 |

교육공동체 회의
(교원대표단, 학생대표단, 학부모대표단, 직원대표단)

학교자치위원회
(교사회 대표, 직원회 대표, 학부모회 대표, 학생회 대표)

교 원 · 학 생   교 육 과 정   재 정

교육재정 위원회	교육인사 위원회	교육과정 위원회	학교규칙 위원회
• 교육 재정 운영 • 예 · 결산 심의 • 학부모 부담 경비	• 교장공모제 • 교사초빙제 • 교원 인사 규정	• 교육과정 편성 · 운영 · 평가 • 교과서 선정	• 학교 비전 설정, 규칙 제 · 개정 • 교육활동 및 인권 보장 (학생 · 교원)
교원 · 학생 · 학부모	교원 · 학생 · 학부모	교원 · 학생 · 학부모	교원 · 학생 · 학부모

학업 성취 역량 · 학습 흥미도 · 공동체 만족도

| 학생회 | 교직원회 (교사회 / 직원회) | 학부모회 |

학교자치의 열쇠는 학교자치 역량

학교자치의 첫 단계는 학생 · 교원 · 학부모(지역사회) 등 학교 구성원이 제반 학교 운영에 대해 참여적 의사결정 구조를 만드는 것이다. 그리고 구성원의 참여와 협력을 통해 스스로의 힘으로 자치를 만들어 가는 학교자치 역량을 배양해야 한다.

학교자치는 공공성·민주성·자주성·협력성·책임성을 핵심 가치로 한다. 이 다섯 가지 가치를 기반으로 학교자치를 꽃피우기 위해서는 더 많은 혁신이 필요하다. 앞에서 제시한 비전과 제도를 실행하기 위해서는 교육제도 전반에 걸쳐 환골탈태에 버금가는 개혁이 뒤따라야 한다. 단순히 시늉에 그치는 땜질식 처방으로 우리 교육이 회생하리라고 기대해서는 안 된다. 공공성·민주성·협력성이 존재하지 않은 2008년 학교 자율화는 학교자치를 더욱 어렵고 힘들게 만든 요인이 되었다. 공공성이 사라진 학교는 학업 성적 우수자를 위한 교육과정을 만들었으며, 협력성이 사라진 학교는 학생·교원·학부모 등 구성원 간 경쟁과 불신을 증폭시켰다. 그러므로 학교자율경영제, 학교 자율화 등 유사한 학교자치를 넘어서기 위해서는 5대 핵심 가치를 주춧돌로 삼아야 한다.

하그리브스와 풀란은 인적 자본·사회적 자본·의사결정 자본을 합하여 '전문적 자본'으로 표현하였다(Hargreaves & Fullan, 2012). 이것을 학교자치 역량이라고 하면, 인적 자본은 교원의 학습 지도와 생활 지도에 따른 전문성이며, 사회적 자본은 학생·학부모·동료 교사·지역사회와의 관계에서 비롯되는 구성원 간 유대감·존중·신뢰 등을 말한다. 그리고 의사결정 자본은 학교 구성원 간 각종 의사결정 과정에서의 합리적인 판단 능력을 의미하며, 전문가의 구조적·비구조적인 경험·실행·반성을 통해 습득·축적하며, 불확실한 상황에서 판단하는 능력을 말한다.

그럼 학교자치 역량을 축적하기 위한 최우선적인 과제는 무엇일까?

첫째, 교원의 전문성 향상을 통한 교육공동체의 신뢰 형성이다.

학교 효과성은 교원의 집단적인 효능감에 비례한다고 할 수 있다. 이 것을 전문적 자본과 관련지어 보면 인적 자본, 사회적 자본, 의사결정 자본은 교원의 역량이 가장 크게 작용하고 있다. 실제적으로 독일·핀란드·스웨덴의 학교자치는 교원에 대한 신뢰를 기반으로 하고 있다. 특히 핀란드의 학생과 학부모는 교원의 직무 수행에 대해 전적인 신뢰를 갖고 있는데, 그 원인으로 대학원 석사 수준의 교원 임용 제도를 지목하고 있다. 우리나라도 대학원 수준의 교원 임용 제도를 고려해 봐야 할 시점이다. 즉, 교원 양성을 전문대학원 체제로 나아감과 동시에, 교원 양성기관으로서의 목적을 보다 분명히 할 필요가 있다. 4+2 체제의 전문대학원에서 4년의 학사 과정은 교원으로서의 전문지식을 쌓도록 한 후, 2년은 현장 실습과 실무 위주의 교육으로 현장성에 입각한 전문성을 갖춘 교원 양성 시스템으로 전환할 필요가 있다.

둘째, 학생·교원·학부모의 학교 운영에 대한 참여이다.

민주주의가 시민의 참여를 기본으로 하듯 학교자치 역시 구성원의 참여를 기반으로 한다. 따라서 구성원의 참여를 어떻게 제도화할 것인가가 학교자치의 또 하나의 숙제이다. 구성원의 참여, 특히 학생·학부모의 참여가 미비한 원인은 참여를 위한 제도적인 뒷받침이 없다는 데 있다. 법률적인 부분에서는 학교운영위원회가 있으나 미비점은 차고 넘친다. 학생·교원·학부모 자치에 대한 법률적인 뒷받침이 없어 일부 지역에서는 궁여지책으로 조례 수준에 의해 운영되고 있다. 그러므로 조례 수준을 넘어서는 법률의 제·개정이 요구되는 시점이다.

초·중·고로 올라갈수록 의사결정에 있어서 학생들의 참여를 확대하고, 학부모의 권한을 축소하는 방향으로 나아갈 필요가 있다. 또 조직 운영이나 재정 분야에서는 학부모의 권한을 확대하고, 교원 인사와 교육과정에 있어서는 교원의 권한을 중시하는 방안도 생각해 볼 수 있다. 이른바 전문성과 관련성에 근거한 권한의 사용이다. 즉, 교육과정과 인사에서는 교원의 전문성을, 학교 예·결산에 있어서는 학부모와의 관련성을 더 높게 인정하자는 말이다.

이렇듯 학교자치에 대한 법률적인 뒷받침과 자발적인 참여, 협력이 전제되지 않는다면, 학교자치는 나아가기보다는 현 상태의 공회전을 지속할 가능성이 높다. 일례로 학부모의 학교 참여 활성화를 위한 '학부모 학교 참여일'을 연간 10일 정도 유급공가일로 제정하여 보장할 필요가 있다. 학부모가 자녀 교육의 동반자로서 학교와 함께 할 일은 무척 많다. 학생의 성장과 발달이라는 관점에 중점을 두고 주기별로 학부모와 교원이 동반자로 나아가야 효과적인 교육이 이루어질 수 있으며, 이 중심에 교육 주체로서의 학교 운영에 대한 참여가 있다.

이와 같이 학교자치는 학생·교원·학부모 등 교육 3주체의 능동적인 참여와 협력에 의해 성장하고 발전할 수 있는 제도이다. 우리 교육의 거듭남과 미래를 학교자치에 기대해 본다.

2부
학교자치를 위한 제도,
무엇이 문제인가?

학교자치를 향한 교육지원청의
제도적 개혁 필요성과 대안

2016년 여름, 교육지원청을 이야기하다

일반 대중에게 '교육지원청' 자체가 화두가 되는 일은 거의 없다. 언론 기사를 봐도 그렇다. 지역 언론에 어느 교육지원청에서 무엇을 했는지 보도자료가 인용되는 수준이 대부분이며, 해당 지역에서 큰 사건 사고가 있는 경우가 아니라면 뉴스를 통해 교육지원청 이름을 접하는 것은 흔치 않다. 하지만 2016년 여름은 달랐다. 교육지원청 그 자체가 뜨거운 이슈가 되었다. 2016년 6월 1일, 교육부가 인구 및 학생 수의 급격한 감소로 적정 규모의 교육지원청을 운영할 필요가 있다는 취지로 발표한 「소규모 교육지원청 조직 효율화 추진 계획」이 바로 그 논란의 시작이었다.

교육부는 학생 수 감소 추세에 따라 관할 학생 수가 3,000명 미만인 소규모 교육지원청이 계속 늘 것으로 보고, 적정 규모의 교육지원청을 운영하기 위한 계획을 수립하였다. 주민등록 인구통계 및 교육통계에 따르면 2000년 795만 2,000명이던 학생 수가 2015년에는 608만 9,000명으로 감소한 데 이어 2022년에는 527만 4,000명으로 감소할 것으로 예상되었다. 이에 2000년 학생 수가 3,000명 미만인 교육지원청이 울릉도 1곳이었던 데 비해 2016년에 25곳이 되었고, 2022년에는 33곳으로 늘어날 전망이었다.

기존에는 인구수 10만 명 또는 학생 수 1만 명 미만을 관할하는 교육지원청에 2과 1센터를 설치하도록 대통령령[1]으로 규정하고 있었다. 그런데 인구수, 학생 수의 범위를 세분화하여 3년 연속 인구수 3만 명, 학생 수 3,000명 미만인 교육지원청은 보조기관이 없는 단일 조직 수준으로 규모를 축소하도록 법령을 일부 개정하는 한편, 시·도 교육청의 자발적 통폐합 노력을 유도하기 위해 통합지역 교육사업 및 여건 개선을 위한 특별교부금과 총액인건비를 지원하고, 통폐합을 안정적으로 추진할 수 있도록 한시기구 설치, 폐지되는 교육지원청 지역에 교육지원센터[2] 설치를 허용하기로 하였다.

---

1 지방교육행정기관의 행정기구와 정원 기준 등에 관한 규정.
2 교육지원센터는 유휴 청사 및 지원 예산이 지역 주민 학습관 등 주민을 위한 교육사업 및 여건 개선 등에 직접 사용되도록 하여, 해당 지역에 보다 질 높은 교육행정 서비스가 제공되도록 추진한다.

[표 4-1] 인구수 3만 명/학생 수 3천 명 이하(연속 3년) 소규모 교육지원청 현황

시도	연번	교육지원청명	관할 지자체	인구수 ('16.3.31기준)(천)	학생 수 ('16.31 인구통계)	교원 수 ('15.4.1)	지방공무원 정원 ('15.12.31) 소계	일반직	교육전문직	지방공무원 1인당 학생 수	교원 수
강원 (3)	1	인구교육지원청	인구군	24,035	2,898	351	33	25	8	87.8	10.6
	2	횡천교육지원청	횡천군	26,696	2,558	361	38	30	8	67.3	9.5
	3	고성교육지원청	고성군	29,279	2,394	352	36	28	8	66.5	9.8
경남 (2)	4	산청교육지원청	산청군	35,953	2,707	437	35	27	8	77.3	12.5
	5	의령교육지원청	의령군	28,312	2,101	363	35	27	8	60.0	10.4
경북 (8)	6	청도교육지원청	청도군	43,586	2,954	421	34	27	7	86.9	12.4
	7	고령교육지원청	고령군	34,481	2,907	318	33	26	7	88.1	9.6
	8	영덕교육지원청	영덕군	39,162	2,902	344	33	26	7	87.9	10.4
	9	봉화교육지원청	봉화군	33,692	2,507	369	33	26	7	76.0	11.2
	10	청송교육지원청	청송군	26,375	1,711	287	33	26	7	51.8	8.7
	11	영양교육지원청	영양군	17,793	1,317	205	30	24	6	43.9	6.8
	12	군위교육지원청	군위군	24,113	1,303	198	31	24	7	42.0	6.4
	13	울릉교육지원청	울릉군	10,065	694	114	8	4	4	86.8	14.3
전남 (5)	14	함평교육지원청	함평군	34,679	2,849	434	35	27	8	81.4	12.4
	15	신안교육지원청	신안군	43,214	2,772	493	43	35	8	64.5	11.5
	16	곡성교육지원청	곡성군	30,637	2,574	316	35	27	8	73.5	9.0
	17	구례교육지원청	구례군	27,276	2,563	302	34	26	8	75.4	8.9
	18	순창교육지원청	순창군	29,445	2,793	407	37	29	8	75.5	11.0
전북 (4)	19	임실교육지원청	임실군	29,495	2,354	381	37	29	8	63.6	10.3
	20	무주교육지원청	무주군	25,110	2,309	334	35	27	8	66.0	9.5
	21	진안교육지원청	진안군	26,137	2,197	382	36	28	8	61.0	10.6
	22	장수교육지원청	장수군	23,254	2,130	334	34	26	8	62.6	9.8
충남 (1)	23	청양교육지원청	청양군	32,227	2,658	355	34	26	8	78.2	10.4
충북 (2)	24	보은교육지원청	보은군	34,232	2,909	418	39	31	8	74.6	10.7
	25	단양교육지원청	단양군	30,651	2,722	359	38	30	8	71.6	9.4
		평균		29,596	2,391	345	34	26	8	70.8	10.2

교육과학기술부(2016), 소규모 교육지원청 조직 효율화 추진 계획

다음은 당시 계획에서 제시한 것으로 소규모 교육지원청 통폐합 유형을 도식화하였다.

[표 4-2] 소규모 교육지원청 통폐합 추진 유형

1+1 통합 : 소규모 교육지원청을 인근 교육지원청에 통합

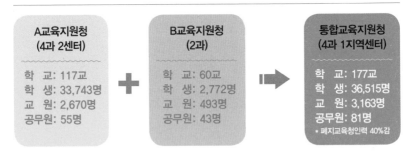

1+2 통합 : 가장 규모가 큰 교육지원청에 2개의 소규모 교육지원청 통합

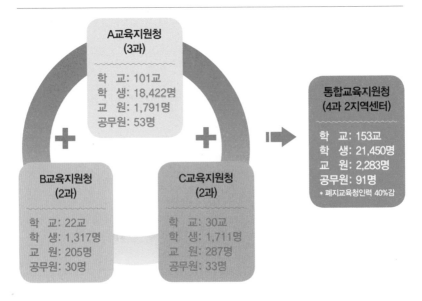

학생 수에 따른 교육지원청의 규모가 적정화되어 재정 효율도와 지역단위 교육행정 서비스의 품질 등을 높일 수 있는 계기가 될 것이라는 교육부의 기대와 달리, 대상으로 언급되었던 해당 지역 주민과 공무원의 반대는 거셌다.

한국교원단체총연합회는 통폐합 대상이 되는 소규모 교육지원청은 대다수가 농산어촌에 있어 도시 지역에 비해 상대적으로 교육 환경이 어려운 지역이라며, 열악한 농산어촌 지역 교육의 기능 약화와 해체를 가속화하는 또 하나의 계기가 될 것이라고 우려했다.

시·도 교육청과 지방자치단체 등 해당 지역의 반발도 거셌다. 교육부 안은 지역 교육을 황폐화시키고 지역의 특수성과 열악한 농산어촌의 교육 기반을 고려하지 않은 채 단순히 인적·재정적 수치만으로 접근한 무책임한 계획으로 균등한 교육 기회를 박탈당할 그 피해는 지역 주민이 고스란히 입게 될 것이라고 주장하며, 소규모 학교와 교육지원청 통폐합 정책의 철회를 요구하였다.

교육부는 학령인구가 줄면서 교육청별로 중첩되는 교육행정업무는 통폐합을 통해 효율화하고, 지역 특수적인 역할이 필요한 곳은 교육지원센터를 두어 보완하겠다고 했으나 계획서상에는 통폐합된 교육지원청과 교육지원센터에 대한 구체적인 내용이 제시되어 있지 않았다. 학교 현장에서 교육지원청을 겪어 보지 않은 대부분의 일반인에게 교육지원청은 지역 교육에 없어서는 안 될 중요한 기관으로 인식하고 있는 듯하다.

서울특별시는 25개 기초자치단체에 11개 교육지원청이 있고, 경기도는 31개 기초자치단체에 25개 교육지원청으로 구성되어 있다. 다시 말하면, 교육지원청 1곳이 1~3개 기초자치단체의 지역을 담당하고 있는 셈이다. 대학수학능력시험 시험지구 업무의 경우 3개 지역 이상을 담당하는 경우도 있어 행정업무의 성격에 따라서는 교육지원청과 지방자치단체의 지역이 일치하지 않아도 아무 문제가 없다. 그렇다면 소규모 교육지원청 통폐합 대상이 된 지역은 왜 이렇게 통폐합을 반대하고 교육지원청을 지키고자 했을까? 논의가 되었던 그 시점으로 잠시 돌아가 보자.

1960년대 이후 지역 간 격차가 커지면서 지역 간 양극화 문제는 심각해지고 있었다. 교육지원청 통폐합이 논의되었던 시점에는 지역의 양극화를 넘어 '인구 절벽', '지방 소멸' 등 보다 자극적이고 절박한 표현이 본격적으로 등장하고 있었다. 전남의 경우 전체 323개 시·군·구 중 262개인 81.8%, 경북은 351개 시·군·구 중 260개인 74.1%가 소멸위험지역으로 분류되어 해당 지방자치단체들은 출산과 육아를 지원하는 정책을 내놓고 지역통합지원 정책을 고심하고 있던 터였다. 인구와 경제력 측면에서 지방이 거의 불가역적인 소멸 과정에 진입하고 있다고 진단하던 시점에 나온 소규모 교육지원청 통폐합 논의는 지역 주민의 정서에 불안감을 증폭시켰을 것이라 짐작할 수 있다.

겉으로 드러내지 않는 교육행정기관 공무원의 셈법은 또 다른 측면이 있다. 교육지원청을 통폐합하는 문제는 기관의 자리 문제와 직결된다. 즉 교육지원청의 교육장과 과장을 비롯하여 팀장에 이르기까지, 이들이 승진해서 갈 수 있는 자리 보존의 문제다. 외부에서는 별 관심도 없고 겉으로 대놓고 문제 삼지 않았지만, 교육행정기관 내부 직원들에게는 사무관 자리 하나조차 민감한 것이 사실이다. 공무원 수는 무조건 늘어난다는 파킨슨의 법칙(Parkinson's Law)[3]이 우리 교육행정기관의 관료 조직과 무관하지 않다는 점을 엿볼 수 있는 부분이다. 사실 교육지원청이 학교 현장에 어떤 기관이고, 어떻게 변화해야 하는지 학교 현장에 있는 교육 주체의 목소리는 중요하지 않았으며, 다른 기관들도 여기저기 통폐합이 논의되는 상황(심지어 지방자치단체 간 통폐합까지)에서 교육지원청도 통폐합되면 안 된다는 인식을 반영하는 논의 수준이었다고 볼 수 있다. 당시 교육지원청 장학사로 근무하던 필자는 하마터면 지역 교육을 위해 교육지원청이 절대적으로 중요한 기관이라고 사람들이 이해해 주고 있다고 생각하며 감동할 뻔했다.

교육지원청이 뭐길래?

도대체 교육지원청이 어떤 곳이길래 소규모 교육지원청 통폐합을 그토

---

3 공무원 수는 무조건 늘어난다는 영국의 해군사학자 노스코트 파킨슨(C. Northcote Parkinson)의 법칙이다. 그는 1955년 11월 영국 『이코노미스트』지에 이 법칙을 처음 소개했다. 영국 해군에서 근무한 파킨슨은 제1차 세계 대전 이후 영국 해군 함정이 67% 감소했지만 해군 행정 인력은 78% 증가했다는 사실을 들어 '관료는 경쟁자보다 부하를 늘리려 한다.' '관리는 서로에게 일거리를 만들어 준다.' 등 두 가지 공리를 만들어 냈다(매경시사용어사전 인용).

록 반대했을까?

학교 통폐합과 교육지원청 통폐합은 다른 측면이 있다. 마을에 아이들이 뛰어놀 수 있고, 주민들이 함께 어우러져 모일 수 있는 공간인 학교가 마땅한 대안도 없이 사라진다는 것은 당장 우리 마을공동체의 위기로 다가오는 문제라 할 수 있다. 하지만 교육지원청 대신 교육지원센터가 있다고 하여, 또는 우리 지역 교육지원청이 다른 지역까지 담당하여 업무를 수행한다고 할 때도 같은 관점으로 볼 수 있을지는 의문이다. 학원 및 교습소, 대안학교 인허가 업무 담당자가 지역마다 있어야 할 필요가 있을까? 국가수준 학업성취도 평가나 대학수학능력시험 시행 업무 담당자가 지역마다 있어야 할까?

교육 현장에 미치는 영향에 따라서는 거점화해도 아무 지장 없는 관장 사무들이 있다. 교통과 통신이 발달한 현대사회에 행정업무를 수행하는 데 있어, 그저 업무 담당 공무원만 조금 더 바쁘면 된다. 반면 학교 현장에 신속한 지원이 필요한 학교폭력이나 위기학생 사안이 발생하는 경우는 다른 접근이 필요하다. 교직원의 역량 강화를 위한 학교 간 학습공동체 교류나 맞춤형 연수를 운영하고자 하는 경우도 그럴 것이다. 지역사회와 협력하여 마을 교육과정을 개발하고, 인적·물적 자원을 교육 현장에 활용하고자 할 때 역시 현장에 밀착한 교육 플랫폼이 필요하다. 학교자치를 향한 교육 패러다임 변화를 위한 교육지원청의 기능 개편과 재구조화를 이야기할 때, 지역의 교육 현장이 요구하는 것이 무엇이고, 지역 교육이 내실 있게 성장하기 위해 어떻게 해야 하는지 본질적인 질문에서 논의할 필요가 있다. 또한 이러한 논의는 현재 교육지원청의 기능과 역할에 대하여 제대로 이해하는 토대에서 출발해야 한다.

먼저, 현행 법령을 통해 교육지원청을 알아보자.

「정부조직법」에서 교육부는 인적자원개발 정책, 학교교육·평생교육, 학술에 관한 사무를 관장하도록 규정하고 있다. 이 중 학교교육과 평생교육이 시·도 교육청과 교육지원청의 사무와 관련이 있으며, 「지방교육자치에 관한 법률」에 근거하고 있다. [표 4-3]은 해당 법률에서 시·도 교육청과 교육지원청에 대하여 규정하고 있는 내용이다.

시·도 교육청을 시·도의 교육·학예에 관한 사무의 집행기관으로, 교육지원청은 시·도의 교육·학예에 관한 사무를 분장하기 위하여 1개 또는 2개 이상의 시·군·구를 관할 구역으로 하는 하급 교육행정기관으로 정의하고 있다. 교육지원청은 시·도가 관장하는 사무 중 위임받은 사항을 담당하게 되는데, 이에 대한 기본적인 접근은 '운영·관리에 관한 지도·감독'이다. 즉 기관의 명칭은 교육'지원'청으로 바뀌었으나 기관의 기본 기능은 지도·감독에 있는 것이다. 학교 현장에서 무늬만 '교육지원청'으로 바꾸었을 뿐이라는 비판이 근거 없이 나온 이야기가 아니라는 것을 알 수 있다. 이 외에도 '그 밖에 조례로 정하는 사무'를 수행하도록 하고 있어 각 시·도 교육청은 '○○교육감 행정권한 위임 조례'를 근거로 교육감의 행정권한을 교육장에게 위임하여 사무를 수행하고 있다.

[표 4-3] 「지방교육자치에 관한 법률」에서 제시한
시 · 도 교육청과 교육지원청 관장 사무

시 · 도 교 육 청	제18조(교육감) ① 시 · 도의 교육 · 학예에 관한 사무의 집행기관으로 시 · 도에 교육감을 둔다. ② 교육감은 교육 · 학예에 관한 소관 사무로 인한 소송이나 재산의 등기 등에 대하여 당해 시 · 도를 대표한다. 제19조(국가행정사무의 위임) 국가행정사무 중 시 · 도에 위임하여 시행하는 사무로서 교육 · 학예에 관한 사무는 교육감에게 위임하여 행한다. 다만, 법령에 다른 규정이 있는 경우에는 그러하지 아니하다. 제20조(관장 사무) 교육감은 교육 · 학예에 관한 다음 각 호의 사항에 관한 사무를 관장한다. 1. 조례안의 작성 및 제출에 관한 사항 2. 예산안의 편성 및 제출에 관한 사항 3. 결산서의 작성 및 제출에 관한 사항 4. 교육규칙의 제정에 관한 사항 5. 학교, 그 밖의 교육기관의 설치 · 이전 및 폐지에 관한 사항 6. 교육과정의 운영에 관한 사항 7. 과학 · 기술교육의 진흥에 관한 사항 8. 평생교육, 그 밖의 교육 · 학예 진흥에 관한 사항 9. 학교 체육 · 보건 및 학교 환경정화에 관한 사항 10. 학생통학구역에 관한 사항 11. 교육 · 학예의 시설 · 설비 및 교구(教具)에 관한 사항 12. 재산의 취득 · 처분에 관한 사항 13. 특별부과금 · 사용료 · 수수료 · 분담금 및 가입금에 관한 사항 14. 기채(起債) · 차입금 또는 예산 외의 의무부담에 관한 사항 15. 기금의 설치 · 운용에 관한 사항 16. 소속 국가공무원 및 지방공무원의 인사관리에 관한 사항 17. 그 밖에 당해 시 · 도의 교육 · 학예에 관한 사항과 위임된 사항
교 육 지 원 청	제34조(하급교육행정기관의 설치 등) ① 시 · 도의 교육 · 학예에 관한 사무를 분장하기 위하여 1개 또는 2개 이상의 시 · 군 및 자치구를 관할구역으로 하는 하급교육행정기관으로서 교육지원청을 둔다. 〈개정 2013. 12. 30.〉 ② 교육지원청의 관할구역과 명칭은 대통령령으로 정한다. 〈개정 2013. 12. 30.〉 ③ 교육지원청에 교육장을 두되 장학관으로 보하고, 그 임용에 관하여 필요한 사항은 대통령령으로 정한다. 〈개정 2013. 12. 30.〉 ④ 교육지원청의 조직과 운영 등에 관하여 필요한 사항은 대통령령으로 정한다. 〈개정 2013. 12. 30.〉 [제목 개정 2013. 12. 30.] 제35조(교육장의 분장 사무) 교육장은 시 · 도의 교육 · 학예에 관한 사무 중 다음 각 호의 사무를 위임받아 분장한다. 1. 공 · 사립의 유치원 · 초등학교 · 중학교 · 공민학교 · 고등공민학교 및 이에 준하는 각종 학교의 운영 · 관리에 관한 지도 · 감독 2. 그 밖에 조례로 정하는 사무

이어지는 [표 4-4]는 강원도교육청의 「강원도교육감 행정권한 위임조례」를 발췌한 것이다. 흥미로운 점은 교육부보다는 시·도 교육청이, 시·도 교육청보다는 교육지원청이 보다 상세화하여 사무를 분장하고 있으며, 교육지원청의 분장 사무가 시·도 교육청으로부터, 시·도 교육청은 교육부로부터 위임되어 있는 구조라는 것이다. 이러한 위임 구조를 풀어내고 있는 법률이 「지방교육자치에 관한 법률」이라는 점이 아이러니하다.

지방교육자치를 위한 법률 조항으로 구성되어 있을 것으로 보이는 명칭과 달리, 「지방교육자치에 관한 법률」은 교육지원청이 구조적으로 중앙정부의 관리와 통제의 대상임을 명시하는 내용들이 언급되어 있다. 제34조(하급교육행정기관의 설치 등) 제2항은 "교육지원청의 관할구역과 명칭을 대통령령으로 정한다."라고 명시하고 있다. 제34조 제2항에 따른 대통령령은 「지방교육자치에 관한 법률 시행령」을 말하고 있으며, 제5조(교육지원청의 명칭·위치 및 관할구역 등)에서 교육지원청의 관할구역과 명칭까지 규정하고 있다.

동법 제34조 제4항에서는 "교육지원청의 조직과 운영 등에 관하여 필요한 사항은 대통령령으로 정한다."고 하여 교육지원청의 명칭부터 관할구역, 조직 구성과 운영에 이르는 사항을 모두 대통령령으로 정하고 있다. 이는 지방교육행정기관의 행정기구와 정원 기준 등에 관한 규정이며, 교육지원청의 조직과 운영에 관한 사항을 정하고 있다.

[표 4-4] 강원도교육감 행정권한 위임 조례 중 교육장 위임 사항

1. 공립·사립의 유치원·초등학교·중학교·공민학교·고등공민학교와 이에 준하는 각종 학교의 운영·관리에 관한 지도·감독
2. 공립·사립 고등학교 및 특수학교의 다음 각 목의 운영·관리에 관한 지도·감독
   가. 교수·학습활동, 진로지도, 강사 확보·관리 등 교육과정 운영에 관한 사항(특성화고 등학교는 제외)
   나. 과학·기술교육의 진흥에 관한 사항(특성화고등학교는 제외)
   다. 특수교육, 학교 부적응 학생 교육, 저소득층 학생 지원 등 교육복지에 관한 사항
   라. 학교 체육·급식 및 교육환경 보호 등 학생의 안전 및 건강에 관한 사항
   마. 학부모의 학교 참여, 연수, 상담, 학교운영위원회 운영에 관한 사항
   바. 그 밖에 예산안의 편성·집행, 수업료 등 운영·관리에 관한 지도·감독 사항
3. 제1호 및 제2호에 해당하는 각급 학교의 장학지도에 관한 사항(특성화고등학교는 제외)
4. 제1호 및 제2호에 해당하는 각급 학교의 학생 생활교육에 관한 사항
5. 제1호 및 제2호에 해당하는 각급 학교의 교육실습생 배정 및 심의
6. 교육지원청 소속 기관 및 제1호에 해당하는 각급 학교의 감사계획 수립, 조정 및 실시
7. 교육지원청과 교육지원청 소속 기관 및 제1호와 제2호에 해당하는 공립 각급 학교 6급 이하 일반직 지방공무원에 대한 전보, 임지지정, 휴직, 복직, 직위해제, 의원면직 및 사 망처리, 대우공무원 선발, 시보임용기간 만료에 따른 정규 공무원 임용, 정기승급, 호봉 재획정 및 경징계 처분
8. 지방공무원 인사위원회 위원의 임명 또는 위촉
9. 교육지원청과 교육지원청 소속 기관의 6급 이하 일반직 지방공무원의 겸직 허가
10. 교육지원청과 교육지원청 소속 기관의 일반직 지방공무원의 업무대행자 지정
11. 교육지원청과 교육지원청 소속 기관 및 제1호에 해당하는 공립 각급 학교 공무원의 재 해부조금 및 사망조위금 지급 결정에 관한 사항
12. 교육지원청과 교육지원청 소속 기관 및 제1호와 제2호에 해당하는 공립 각급 학교 6급 이하 일반직 지방공무원의 정원 배정에 관한 사항(「강원도교육감 소속 지방공무원 정원 규 칙」 제2조 제1항의 정원관리단위기관 범위에 한함)
13. 교육지원청과 교육지원청 소속 기관 및 제1호와 제2호에 해당하는 각급 학교의 사회 복무요원 운용

14. 교육지원청과 교육지원청 소속 기관 및 제1호와 제2호에 해당하는 공립 각급 학교에 근무하는 「강원도교육감 소속 교육공무직의 임용 등에 관한 조례」 제4조 제2항에 해당하는 정원 관리직종 교육공무직의 임용 및 보수 일반 업무에 관한 사항

15. 교육지원청과 교육지원청 소속 기관 및 제1호와 제2호에 해당하는 공립 각급 학교에 근무하는 교육공무직(기간제 교사 및 강사 제외) 인사위원회 및 징계위원회 운영에 관한 사항

16. 사립유치원의 설립·폐지 인가

17. 유치원 취학권역 설정에 관한 사항

18. 제1호에 해당하는 사립 각급 학교의 교직원 임면보고 수리 및 징계 요구

19. 제1호에 해당하는 사립 각급 학교의 재정보조에 관한 사항

20. 제1호에 해당하는 사립 각급 학교를 설치·경영하는 법인의 예산·결산에 관한 사항

21. 외국인 학교(단체)의 지도·감독

22. 교육지원청과 교육지원청 소속 기관 및 제1호와 제2호에 해당하는 공립 각급 학교의 차량 교체, 차량 교환, 차량의 규모 변경에 관한 사항

23. 제1호 및 제2호에 해당하는 공립 각급 학교의 학교시설 사업계획 수립, 승인 및 집행

24. 제1호 및 제2호에 해당하는 공립 각급 학교의 도시계획 시설 결정 관련 업무

25. 지방자치단체가 공·사립 각급 학교에 대하여 교육지원청으로 지원하는 교육경비보조금 관리에 관한 사항

26. 지역교육환경보호위원회 구성, 위원의 해임·해촉 및 운영 세칙 제정

27. 「초·중등교육법」 제2조에 따른 각급 학교 학생 건강검진기관(출장검진 포함) 승인에 관한 사항

28. 평생교육시설의 등록·신고·변경 및 폐쇄와 지도·감독(학력인정 평생교육시설은 제외)

29. 평생교육 정보 제공 및 학습상담

30. 무인가 평생교육시설 단속

31. 미등록 학원 및 미신고 교습소·개인과외 교습자 단속

32. 학생 야영장 및 체험학습장 운영·지도

[표 4-5]는 해당 내용 중 일부인 교육지원청의 기구 설치 기준을 보여 주고 있다. 본청의 실·국 개수부터 기관의 직급 기준에 이르기까지 지방교육자치 시대임에도 대통령령으로 정하고 있어, 시·도 교육청이 시·도 수준에서 기준을 결정하고 바꿀 수 있는 구조는 아닌 것이다.

[표 4-5] 교육지원청의 기구 설치 기준

구 분	국	과(담당관)·센터
가. 인구가 50만 명 이상이고, 학생이 6만 명 이상인 경우	2국	
나. 인구가 30만 명 이상이고, 학생이 4만 명 이상인 경우		4과(담당관), 2센터
다. 인구가 15만 명 이상이고, 학생이 2만 명 이상인 경우		3과(담당관), 2센터
라. 인구가 10만 명 이상이고, 학생이 1만 명 이상인 경우		2과(담당관), 2센터
마. 인구가 10만 명 미만이거나 학생이 1만 명 미만인 경우		2과(담당관), 1센터

이름만 바꾸었다는 교육지원청 개편, 알고 보면?

하급 지방교육행정기관인 지역 교육청을 '교육지원청'으로 탈바꿈한 정책은 2010년 9월 1일자로 단행된 '선진형 교육지원청 기능·조직 개편'이었다. 2008년 교육과학기술부는 '4·15 학교 자율화 추진 계획'을 발표하면서 단위학교의 자율성을 저해하는 29개 지침을 폐지하고, 규제성 법령 13개 조항을 정비하였다(황준성 외, 2011). 2009년 5월 1일에는 '학교단위 책임경영을 위한 학교 자율화 추진 방안'을 내놓으며 교육과정과 교원 인사정책을 탄력적으로 운영하여 학교 자율화를 이루어야 한다는 정책 흐름이 형성되었다(김성열, 2009).

학교 자율화 추진 방안 중 한 분야로 학교 현장 지원 체제 구축이 포함되어 있으며, 이러한 맥락에서 교육지원청 기능과 조직 개편이 이루어졌다. 기존의 관리·감독 중심에서 학생·학부모·학교 현장 지원 중심의 '교육 현장 공감형 기관'으로 새롭게 정립하는 데 중점을 두었다. 기능 개편의 측면에서는 ①실효성이 낮은 관리·감독·규제 업무 대폭 축소, ②지역청·본청 간 역할의 합리적 조정, ③학생·학부모·교사 및 현장에 대한 지원 기능 강화를 주요 과제로 설정하여 구체화하였다. 이와 함께 조직 개편 측면에서는 교육지원청으로 명칭을 변경하면서 부서 명칭 또한 학교 현장에 친숙하게 바꾸었다. '교육장공모제'를 도입토록 하여 임용에 있어 공개적인 검증을 제안하였다. 지역의 특성과 여건에 맞게 조직을 개편할 수 있도록 기본 모형, 서울·경기형, 권역별 기능거점형, 특수형 등 네 가지 모형을 개발하여 제시하기도 하였다.

그런데 당시의 개편안이 지금의 교육지원청 변화 논의와 크게 다르지 않아서, 왜 여전히 달라진 게 없는 건지 의문이 든다. 개편안의 취지나 목적과는 달리 실제 현장에서는 여전히 중앙집권적 정책 추진이 이루어져, 구조는 바꾸었으나 업무는 과거와 달라진 것이 없으므로 적지 않은 혼란을 겪었다. 이를 정리하기 위해 일부 조직을 과거의 방식으로 정비하는 시·도 교육청도 나타났다. 결국 2014년 시·도 교육청 평가

항목에서 조직 개편 반영 요소가 제외된 이후 교육청 조직은 과거 관행으로 회귀하거나, 시·도별 특성에 따라 각기 다른 조직으로 개편되어 갔다. 그렇다고 무조건 실패한 정책이라고 볼 수는 없다. 이를 계기로 교육청 구성원의 현장 지원 마인드가 제고되었고, 교육 현장의 지원 요구도 높아졌다는 긍정적인 성과도 있었다(박수정·나민주, 2014).

학교 현장을 지원하는 교육지원청으로

정부 주도의 교육청 기능 및 조직 개편을 추진한 지 10년의 세월이 지난 지금, 교육지원청을 바꾸기 위한 노력은 지속되고 있다. 학교가 힘들어 하고 지원이 필요한 분야에 대한 선택과 집중을 반영하여 학교 현장 지원 기능을 강화한 조직이 제안되어 왔다.

현행 교육지원청 조직은 관료적인 체제뿐만 아니라, 학교 현장 지원에 초점이 맞춰진 것이 아니라는 한계를 지니고 있다. 현행 법령과 제도 하에서 조직을 유지한 상태에서는 학교 현장 지원 기능을 전담하는 새로운 조직의 필요성이 대두되었다(오재길 외, 2015). 최근에는 '학교 현장 지원팀', '학교지원센터', '학생지원센터' 등 명칭은 조금씩 다르지만 교육지원청에 전담하는 행정기구를 설치하여 지원 기능을 강화하려는 노력을 구체화하기 시작하였다. 이 중 서울특별시교육청의 사례를 한번 살펴보면, 2019년 3월 1일자로 11개 교육지원청에 '학교통합지원센터'

를 조직하여 운영하기 시작하였다. [표 4-6]은 학교통합지원센터에서 학교 현장의 요청에 따라 지원이 이루어지는 흐름을 나타낸 것이다.

[표 4-6] 학교통합지원센터 지원 흐름도

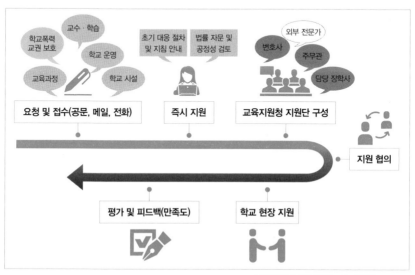

서울특별시 동작관악교육지원청, 2019

단순 반복적으로 처리하는 교원 호봉 재획정 같은 업무부터 민원으로 몸살을 앓는 학교폭력 사안 처리 지원까지 교육과정, 교수·학습, 학교 운영, 학교 시설 등 학교의 지원 요구가 많은 분야에 대한 지원 기능을 강화한 것이다. 신청 방법도 간단하다. 학교통합지원센터에 공문이나 이메일, 또는 전화로 신청 내용을 접수하면, 지원을 요청한 사항에 대하여 교육지원청 내부 직원과 외부 전문가가 함께 참여하는 지원단 등이 방안을 협의하여 현장을 직접 지원한다. 학교통합지원센터의 활동에 대한 현장의 평가와 피드백을 통해 지원 업무의 질 관리까지 체계를 갖추었다. 학교의 공통·반복적인 행정업무를 교육지원청으로 이관하고, 힘들어 하는 교권 및 학생 인권 관련 업무를 적극 지원하는 등 학교의 지원 요청에 대한 통합적인 지원을 제공한다는 취지는 학교 현장에 필요한 실질적인 지원을 수행할 것이라는 기대를 갖게 한다. 계획에서 제시한 바와 같이 학교에 안내된 내용대로 실행된다면 현장에서는 제대로 체감할 수 있을 것으로 보인다.

그럼 지원 내용과 방법을 조금 더 자세히 들여다보자. 다음 [표 4-7]은 학교에서 갑자기 시간강사가 필요해 학교통합지원센터에 도움을 요청할 때의 프로세스이다.

[표 4-7] 보결담당 시간강사 채용 지원

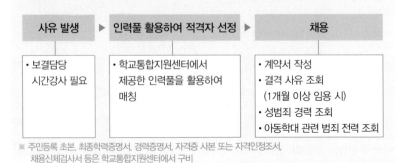

- 보결담당 시간강사 채용 시, 학교통합지원센터 제공 인력풀 활용
- 이렇게 이용하세요.

사유 발생 ▶	인력풀 활용하여 적격자 선정 ▶	채용
• 보결담당 시간강사 필요	• 학교통합지원센터에서 제공한 인력풀을 활용하여 매칭	• 계약서 작성 • 결격 사유 조회 (1개월 이상 임용 시) • 성범죄 경력 조회 • 아동학대 관련 범죄 전력 조회

※ 주민등록 초본, 최종학력증명서, 경력증명서, 자격증 사본 또는 자격인정조서, 채용신체검사서 등은 학교통합지원센터에서 구비

서울특별시교육청, 2019

학교에서 강사를 채용하는 경우 행정 절차로 인하여 최소 일주일 내외의 시간이 소요된다. 자격과 행정서류 제반이 준비된 시간강사 인력 풀 지원은 학교의 행정업무와 시간을 단축하여 교육활동 지원에 실질적인 도움이 될 것이다.

현행 법령과 제도 안에서 학교통합지원센터의 역할은 분명 한계가 있을 수밖에 없다. 예를 들어, '기-승-전-학교장'이라는 농담을 할 정도로 학교를 촘촘하게 통제하는 기제가 작동하는 분야에서는 학교통합지원센터가 업무를 이관하고 지원하고자 해도 불가능하다. 그럼에도 현행 법령과 제도의 틀 안에서 학교의 반복적인 행정업무를 구체적인 운영 지원의 형태로 담아 낸 것은 학교 현장에 대한 지원 의지를 엿볼 수 있는 부분이다.

학교를 지원하는 교육지원청에 대한 기대와 우려

명칭은 조금씩 다르지만 학교 현장 지원에 집중하는 '팀'이나 '센터'가 구축되는 것에 대한 기대와 우려가 섞인다. 교육지원청의 학교 지원 기능이 강화되어 학교의 업무를 경감하고 실질적인 지원이 이루어질 거라는 기대가 있지만, 오랫동안 관리·감독 위주의 행정업무를 수행한 기관이 쉽게 바뀔 리 없다는 회의적인 시선이 있는 것도 사실이다. 근본적인 법·제도가 바뀌지 않는 상황에서는 이미 담당 부서에서 수행하던 업무가 이동 배치되는 수준으로 그칠 수밖에 없다는 지적과 함께, 기존 부서와 업무가 중첩될 수 있어 '옥상옥(屋上屋)'으로 자리 잡는 것은 아닌지 우려하기도 한다.

실제 서울특별시교육청이 학교통합지원센터에 대한 컨설팅을 실시한 결과, 소속이 불분명하거나 중첩 업무로 인한 부서별 갈등, 타 과에서 이관된 업무 처리로 인한 업무 과중, 물리적 업무 공간 협소, 인력 배치 미흡 등의 문제점을 발견했다. 아직은 학교통합지원센터에 대한 인식이 부족하여 활용도가 낮은 편이기도 하지만, 교육지원청으로부터 지원을 받을 수 있다는 신뢰감도 형성되어 있다고 보기 어렵다. 학교통합지원센터 같은 교육지원청의 변화를 위한 정책이 도입 취지에 맞게 학교현장에서 성공적으로 자리 잡으려면 다양한 사례와 경험이 축적되어야 할 것이다.

학교자치를 지원하는 교육지원청 변화의 출발선은?

학교자치를 위한 현장 지원 기능에 초점을 두고 교육지원청의 변화를 논하고 있자면, 학교가 힘들어 하는 사안을 지원하고 업무를 경감하기 위한 방안으로 흐르게 된다. 정해진 법·제도 안에서 학교 현장의 목소리를 토대로 방안을 도출하다 보면, 어딘가 고충 처리와 민원 해결을 위한 창구가 되어 가는 듯한 인상을 받는다. 당연히 필요한 내용이지만, 교육지원청의 기능과 역할을 변화하는 데 그게 전부가 될 수 있을까? 업무를 재구조화하고 담당 부서 조직을 개편하는 수준으로 반복적인 논의를 하다 보면, 교육지원청을 관통하고 있는 교육정책의 줄기를 놓치고 본질적인 접근을 소홀히 하고 있는 것은 아닌가 하는 의문이 든다.

교육지원청의 역할은? 관리·감독 vs. 지원

지금의 교육행정은 철저히 상명하달 방식이다. 교육부 – 시·도 교육청 – 교육지원청 – 학교로 이어진다. 교육부에서 매뉴얼을 만들면 시·도 수준에 맞는 매뉴얼이 다시 만들어지고, 그것이 교육지원청으로 내려오면 다시 지역에 맞는 장학 자료로 만들어지기도 한다. 각종 규정과 매뉴얼로 학교 현장을 통제하고 관리하는 방식은 교육행정의 관행적인 업무 방식이다. 정책이나 사업, 지시사항 등을 교육지원청이 열심히 전달받아 학교로 전달한다. 또 학교로부터 취합한 문서와 보고서, 점검 결과 등을 잘 정리하여 시·도 교육청으로 전달한다. 교육지원청의 이런 모습 때문에 '터미널' 기능만 하는 기관이라는 비판이 있다. 교육지원청이라고 그러고 싶겠는가?

교육지원청은 법적으로 관리·감독 기관으로 규정되어 있으므로, 학교가 책무성을 다하지 못하고 규정에 어긋나는 사안이 발생하면 학교만큼은 아니지만 관리·감독을 소홀히 한 것 아니냐는 비난과 함께 잘 잘못을 따지는 대상이 된다. 학교도 면피하고 싶지만, 교육지원청도 면피해야 하는 상황인 것이다. 그럼 교육지원청을 '지원'하는 기관으로 명시한다면 어떻게 될까? 책무성을 다하지 못한 학교에 왜 충분한 지원을 하지 않았는지 따지게 될 것이다. 교육지원청을 학교에 지시하고 통제하는 기관이 아니라, 학교가 잘 운영되도록 필요한 것을 지원하고 돕기 위해 고민하는 기관으로 설정해야 한다.

교육지원청, 없으면 안 될까?

교육지원청, 이름에서부터 과감하게 '~청'을 버릴 수는 없을까? 우리 교육 현장에 '~청'은 시·도 교육청으로 충분하지 않을까? 기관의 명칭은 우리가 기관의 기능과 역할에 대하여 지향하는 바를 담고, 그 기관에 대한 프레임을 형성한다.

예를 들어 지역 행정을 수행하는 '동사무소'를 보자. '동사무소'를 '행정복지센터'로 명칭을 바꾸고, 주민자치위원회를 중심으로 '주민자치센터'로 부른다. 지역 행정의 지향점이 '복지'와 '자치'라는 것이 명료해졌고, 동시에 '사무'로만 머물렀던 동사무소의 업무가 무엇에 중점을 두고 변화하고 있는지 전달된다. 지역 주민의 관점에서는 '~사무소'보다는 '~센터'라는 말이 문턱이 낮고, 편안하게 받아들여진다. 사실 '센터'라는 말은 어떤 업무를 담당하는 장소, 기관, 조직 등을 의미한다.[4] 아름다운 우리말을 두고 굳이 영어 단어를 쓸 필요가 있을까 찾아보았지만 이 만큼 익숙한 단어를 발견하기 어려웠다.

앞서 살펴보았듯이, 각 시·도마다 교육지원청에 학교 현장 지원 기능을 강화하고 집중할 수 있는 기구가 필요하다고 제안하며, 실제 '학생지원센터'나 '학교지원센터', '교육지원센터' 등을 두는 시·도 교육청도 있다. 그런데 교육지원청 전체가 하나의 '센터'로 탈바꿈하면 안 되는 것일까? [표 4-8]에서 볼 수 있듯이, 현행 법·제도 안에서 교육지원청은 이미 센터의 집합소이다. 실제 센터로서의 물리적인 공간과 전문 인력을 갖춘 것도 있지만, 말만 센터일 뿐 담당자 1인이 센터가 되는 경우도 있다. 지금 추진되는 현장 지원 기능을 강화한 조직으로 '학교지원센터' 등이 더해지면, 그저 여기에 또 '센터'가 덧붙여지는 인상이다.

그래서 기존의 교육지원청이 갖는 감사, 예산, 관재, 수능 등에 대한 관리·감독과 행정 기능 집중되는 영역을 거점화하여 2~4개 지역을 담당하도록 하고, 유·초·중등교육 현장을 실질적으로 지원할 수 있는 지역 교육의 지원센터로 자리매김토록 하는 것이다. 물론 여기에는 학교 현장 지원 기능에 대한 선택과 집중뿐만 아니라, 기존의 센터도 재구조화하여 학교를 하나의 유기적인 조직으로 이해하고 통합적으로 지원할 수 있는 방안을 모색하는 것이 수반되어야 한다.

---

4 위키백과(2019. 8. 13. 검색 결과).

[표 4-8] 교육지원청 센터 현황 및 설치 근거

센터 종류	설치 근거
Wee 센터	초 · 중등교육법(제19조 제2항)
생활인권지원센터	경기도 학생인권조례(제43조 제1항)
교육복지지원센터	경기도교육청 교육복지우선지원사업 지원 조례(제17조 제1항)
학부모참여지원센터	2014 학부모지원사업 운영 계획
교육자원봉사센터	경기마을교육공동체 활성화 지원에 관한 조례(제18조 제1항)
방과후교육지원센터	초 · 중등교육과정 총론(교육부 고시 제2015-74호)
학습종합클리닉센터	초 · 중등교육법(제28조), 2018 경기교육 기본계획
혁신교육지원센터	2014년 혁신교육지원센터 설치 및 운영 계획
특수교육지원센터	장애인 등에 대한 특수교육법(제11조 제1항) 동법 시행령(제7조)
진로직업체험지원센터	진로직업체험지원센터 설치 및 운영 조례(제3조 제1항)
발명교육센터	발명교육의 활성화 및 지원에 관한 법률(제10조 제1항)
과학교육지원센터(영재교육원)	영재교육진흥법(제8조)
교육시설관리센터	경기도교육청 행정기구 설치 조례 시행규칙(제47조)

경기도교육연구원, 교육지원청 체제 개편 방안 연구 : 학교 지원 강화를 중심으로, 2018

교육지원청을 터미널이 아닌 플랫폼으로

교육지원청은 학교를 연결하는 훌륭한 '터미널'이었다. 시 · 도 교육청 각 부서 업무를 수발하는 것은 물론, 학교의 협조와 참여가 필요한 일들은 교육지원청만 거치면 학교로 전달될 수 있었다. 학교는 교육지원청이 주는 대로 받고, 지시한 대로 따를 수밖에 없는 입장이었다. 이러한 방식만으로는 학교가 움직이고 성장하는 데 한계가 있다는 것은 이미 충분히 보여 주었다. 학교 현장의 복잡하고 다양하면서도 수시로 변하는 요구에 대응하는 데 교육지원청의 인력과 예산은 부족하고, 이를 마냥 늘려 갈 수도 없는 실정이다. 이를 극복하기 위해서는 두더지 게임에서 튀어나오는 두더지 잡듯 교육 현장의 요구에 땜질식으로 대응할 것이 아니라 교육지원청이 하나의 '플랫폼'이 되어야 한다.

플랫폼은 '쌍방향' 소통으로 네트워크를 구축하여 모두의 장(場)으로 기능할 수 있는 토대가 된다. 네트워크를 바탕으로 서로의 필요에 맞는 자원을 공유하고, 소통과 공유를 통한 학습공동체의 연결망을 구축하여 활용하는 것이다(오재길 외, 2015). 이는 학교만을 위한 것이 아니라 학교와 지방자치단체, 유관 기관을 이어 주고, 학교와 지역사회가 만나는 교육 자원 연결망으로서의 역할을 해낼 것이다.

교육 정보를 공유하는 '아카이브' 구축

그동안 숱한 교육정책이 등장했다가 사라졌다. 우수학교 사례도 잠시 공유될 뿐 학교 구성원이 바뀌면 기록은 물론이고 기억조차 없어지기도 한다. 최근 아카이브(archive)를 통해 기존에 흩어진 기록들을 모아 보관하는 일에 관심이 높아지고 있다. 아카이브는 '기록 보관소', '기록 보관소에 보관하다'라는 의미를 가지고 있으며,[5] 최근에는 '디지털 아

---

5 천재학습백과(2019. 8. 13. 검색 결과).

카이브'로 시간이 지나면 질이 떨어지거나 손상될 우려가 있는 정보들을 디지털화해서 보관하기도 한다. 교육 현장에서도 이러한 아카이브를 구축하는 것이 필요하다.

그동안 전임자가 어떻게 업무를 처리했는지 찾아내려면 학교와 교육청 업무관리 시스템에 의존하는 것이 전부였다. 이 시스템도 5년 이상의 시간이 흐른 기록은 공유해 주지 않는다. 학교 현장에 필요한 건 시스템으로 남긴 결재 문서만이 아니다. 업무 외에도 지역의 특색과 문화, 환경을 연관지어 학교가 어떻게 성장하고, 어떻게 어려움을 극복했는지 등 교육 현장의 구체적인 기록을 주제별 · 학교별 · 시기별로 남겨 공유한다면 학교 구성원이 바뀌더라도, 또는 소속이 달라지더라도 자료나 정보를 쉽게 구할 수 있을 것이다(박혜진 외, 2018). 학교의 아카이브와 교육지원청의 아카이브가 연결되고 구조화되어 정보와 자료가 축적 · 공유된다면 온 · 오프라인을 넘나드는 든든한 지원 체제가 완성될 수 있을 것이다.

학교자치 역량을 키우는 전문성, 어떻게 확보할까?

혁신학교을 이끌었던 교사들의 피로감이 높아지는 원인으로 자주 언급되는 것이 교원 순환전보제이다. 학교 시스템이 자리 잡을 만하면 구성원이 바뀌어 다시 시작하는 상황을 반복하다 보니 아무리 열정이 넘치고 역량 있는 교사라 하더라도 지칠 수밖에 없다. 그래도 학교는 혁신을 이끄는 앞바퀴 교사들이 가능한 한 오래 머무르며 지탱하고 있다. 교육지원청은 어떨까? 학교보다 더하면 더했지, 덜하진 않는 것 같다. 담당자가 해마다, 심한 경우에는 6개월 만에도 바뀐다. 민원이 많거나 힘든 업무일수록 이런 현상은 심각해진다. 학교도 담당자가 자주 바뀌고, 교육지원청도 바뀌니 모든 사업과 정책이 늘 새롭고, 매번 성공과 실패를 반복한다. 교육지원청에 각 분야의 전문성을 갖춘 역량 있는 직원들이 필요한 이유가 여기에 있다. 혁신학교를 일구었듯 학교자치를 경험하고 실천한 교원이 교육전문직으로 임용되고, 지원 행정에 대한 마인드와 역량을 갖춘 행정직이 교육지원청 조직을 구성할 필요가 있다. 또한 다양한 분야의 외부 전문가들이 함께 참여할 수 있는 구조가 갖춰져야 한다. 학교 현장과 지역사회의 구성원이 교육지원청에 순환 근무할 수 있는 여건을 마련할 필요도 있다.

중앙정부의 정책부터 시·도 교육청의 조직 개편, 학교 현장의 조직문화 혁신에 이르기까지 크고 작은 도전과 변화가 축적되어 지금의 교육지원청으로 성장하여 왔다. 당장 가시적인 성과가 없고 시행착오를 거듭한다고 하여도 교육지원청의 변화하려는 노력은 멈추지 말아야 한다. 그 노력 하나하나는 나름의 성과와 교훈이 있었으며, 자체만으로도 의미가 있었다.

이제 교육지원청이 한 걸음 더 성장해 나가야 하는 시점이 다가왔다.

어쩌면 우리의 교육적 상상력으로 새로운 조직 체계의 혁신을 시도해야 하는 시점일 수도 있다. 학교자치를 위한 교육지원청의 변화는 발전하는 사회의 요구와 교육 패러다임의 새로운 흐름, 교실 속 교사와 학생까지 다 아우를 수 있는 접근이 절실하다.

교사 교육과정 등장과
교육과정 자치력 탄생

학교교육과 교육과정

교육과정은 영어로 'curriculum'이라 하는데, 그 어원은 라틴어 'curere'에서 나왔다. 경마장에서 말이 달려야 하는 길(course of race)이란 뜻을 가지고 있고, 목적 달성을 위해 거쳐 가야 할 내용 혹은 교육의 목적을 달성하기 위해 여러 가지 어려움을 극복하고 공부해 나가야 할 일련의 내용 및 과업(course of study)이라고도 해석한다. 이처럼 교육과정은 '목적을 가지고 나아가는 과정'이나 '그 과정에 해당되는 일련의 내용'으로 정의되고 있다.

그러다 보니 교육과정은 어떤 목적을 가지고 일련의 과정을 배우는 곳에서 많이 통용된다. 유치원의 교육 내용은 물론이고, 각종 연수 프로그램, 자격증 학원의 코스워크, 평생교육 아카데미의 시간표가 그 예이다. 이처럼 교육과정이라는 용어는 '교육 내용', '프로그램', '코스워크', 심지어 '커리(커리큘럼의 줄임말)'라는 용어 등으로 배우고자 하는 목적에 맞게 구성된 일련의 과업 내용을 의미한다. 따라서 교육과정은 어떤 목적을 분명히 가지고 있는 '배움의 과정 및 내용'과 맞닿아 있음을 알 수 있다.

학교의 발생 역시 이 교육과정과 무관하지 않다. 인류의 문명에서 학교의 역사는 2,500년 전 지금의 이란인 바빌로니아의 어느 학부모 편지에서 확인해 볼 수 있다. 여기에는 '학교'[6]라는 용어가 등장하고 '선생님'이라는 가르치는 사람이 등장한다.

어디에 있었니? 너를 찾으러 여기저기 가 봐도 없더라. 학교에 가지 않고 빈둥빈둥 놀기만 할 거니? 제발 학교에 가거라! 광장에 우두커니 서 있거나 거리를 쏘다니는 짓은 이제 좀 그만두어라. 주위 분위기에 휩쓸리지 말고, 선생님 앞에서는 예의 바르게 행동하고, 존경하는 마음가짐으로 있어다오. 선생님을 잘 따르면, 너를 잘 돌봐 주실 거야. 부탁이다, 애야!

고대 로마에는 라틴어로 '파에다고구스(paedagogus)'라 불리는 노예

---

6 특별한 공간이라기보다는 길거리나 골목같이 함께 모인 공간을 의미했다.

선생님이 있었다. 부자들은 아들이 좋은 교육을 받을 수 있도록 그리스 출신의 노예 선생님을 고용해 7~16세 남아에게 읽기, 수학, 웅변 등을 가르쳤다. 이 라틴어가 훗날 '교육학'이라는 의미를 지닌 '페다고지(pedagogy)'가 되었다.

중세 유럽에서는 교회와 수도원에서 일반적인 학습이 이루어졌다. 16~17세기는 신 중심의 사회였기 때문에 아이들은 종교 및 종교생활과 관련한 것을 알아야 했다. 성경을 읽고 이해하는 것이 학습의 중요한 목적이었다. 이 교회 학교를 라틴어로 '스콜라(schola)'라고 불렀는데, 이 용어가 변해 지금의 '학교(school)'가 되었다.

18세기에 접어들어 산업혁명이 일어나면서 농업사회에서 산업사회로 변화했다. 많은 노동력이 필요해졌고, 도시가 발달했다. 또한 산업 구조를 유지할 공장 노동자 양성을 위한 기본 교육이 중요한 화두로 떠올랐다. 이 때문에 영국에서는 노동할 수 있는 나이와 시간을 법적으로 정했고, 프로이센에서는 최초로 의무교육제도까지 만들어 학교교육을 공식화했다. 이 시대의 학교의 목적은 산업화 시대에 필요한 노동자를 양성하는 데 두었기 때문에 교육과정은 사회적·직업적 필요를 반영하게 되었다.

이처럼 교육은 특정 공간에 모여서, 목적을 가진 일련의 교육 내용을 학습하는 행위라고 할 수 있다. 결국 학교교육은 길거리든, 교회든 함께 모여 그 시대를 살아가는 데 필요한 '무엇'을 배운다는 목적을 가지고 있었고, 그 일련의 과정인 교육과정을 통해 목적을 달성케 하는 역할과 기능을 한 것이 분명해 보인다.

그렇다면 앞으로의 학교교육은 어떤 목적을 가지고 있어야 할까? 그동안 정해진 '무엇'을 가르쳐야 했던 교육과정은 빠르게 변화하는 불확실한 미래사회에서 어떤 형태로 구현되어야 할까? 본 장에서는 이 고민에 대한 답을 탐색해 볼 것이고, 교육의 어원[7]에 기초하여 시대적 요청에 따른 아이디어를 공유하고자 한다.

미래사회 변화에 따른 교육과정의 역할 변화

최근 4차 산업혁명이 불러온 미래교육에 대한 다양한 담론과 이슈가 쏟아져 나오면서 정해지지 않은 미래사회에 대한 여러 관점이 나타나고 있는데, 학교교육 입장에서도 무엇을 교육과정에 담아 학생들을 가르쳐야 하는지 고민이 매우 커졌다.

최근 통계청에 따르면 2019년 현재 우리나라의 출생률과 결혼률은

---

7 '가르칠 교(敎)'는 전통문화, 풍습, 언어를 전수한다는 의미이고, '기를 육(育)'은 타고난 성품을 바르게 자랄 수 있도록 육성한다는 의미를 가지고 있다. 따라서 동양에서의 교육은 가르치는 사람이 주도해 배우는 사람을 이끌어 가며, 사랑과 관심으로 배우는 자의 속성을 잘 길러 준다는 의미이다. 반면 서양에서의 교육(education)은 라틴어 'educare'에서 왔는데, 'educaree(밖으로)'와 'educo(꺼내다)'가 결합된 것이다. 즉 이미 잠재돼 있는 것을 밖으로 꺼내어 키워 준다는 의미로, 성숙자가 미성숙자의 잠재 가능성을 계발해 성장할 수 있도록 도와준다는 의미이다.

역대 최저를 기록하였다. 1981년 월별 통계 집계를 시작한 이래 올해가 가장 적었음은 물론이고, 3월 출생아가 3만 명 미만으로 떨어진 것도 처음 있는 일이라고 발표했다. 이렇게 출생아 수가 줄면 학령인구도 감소한다.

다음 [표 5-1]은 2018년 기준으로 연도별 졸업자 추이를 나타낸 것이다. 고등학생 수가 1999년 74만 명에서 2018년 56만 명으로 줄어든 것이 눈에 띄지만, 유치원 졸업자 수가 27만 명으로 급격하게 줄어든 것은 인구절벽을 실감케 한다. 중학교 45만 명대, 초등학교 41만 명대라는 졸업자 추이는 우리나라가 저출산·고령화 사회로 진입하였음을 보여 주며, 학교교육 역시 소인수 학급에서 운영 가능한 교육과정으로 변화해야 함을 시사하고 있다.

[표 5-1] 1999~2018 연도별 졸업자 추이

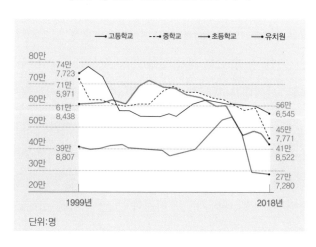

[표 5-2] 학령인구 감소로 남아도는 대학 정원

56만 9,845

50만

2018학년도
**입학 정원
48만 3,000명**

40만

대학 입학 가능 인구 39만 8,157명

30만

2014   16   18   20   23년

※ 대학 입학 가능 인구는 대학 진학률, 고교 졸업자 비율 등을 고려해 추정, 입학 정원은 4년제+전문대
자료 : 교육부

 학령인구 감소로 정원이 남아도는 대학도 늘어, 앞으로는 대학 입학에 대한 경쟁보다는 대학 입학 여부에 대한 고민이 더 중요한 이슈가될 것이라는 전망도 있다. 실제 2023년에는 48만 명 남짓의 입학 정원이 있지만, 39만 명 정도의 내학 입학 가능 학생밖에 없어서 지방대의폐교는 물론, 사립대를 포함한 많은 대학들이 생존의 기로에서 존폐를고민하고 있다. 대학 등록금 동결은 물론이고, 무상 대학 교육까지 대안이 나와 저출산·고령화 사회에 학교교육이 어떻게 대처해 나가야 하는지 쉽지 않을 듯하다. 이른바 '벚꽃 피는 순서대로 대학이 망할 것'이란예측을 넘어 '우르르 대학들이 무너진다'는 말이 나올 정도로, 2030년에는 대학의 절반이 사라진다고 예견하고 있다.

대학 입시 중심의 지난 교육이 만들어 온 '성공적인 대학 입학 → 든든한 졸업장 → 만족스런 직장 → 안정적인 결혼생활과 만족스런 노후생활'이란 공식이 더 이상 통하지 않는 시대를 맞게 된 것이다. 학령인구 감소로 베이비붐 1세, 2세들의 성공 신화가 깨졌고, 대량생산 경제구조에 맞는 학교 교육과정을 구성하는 것은 이제 시대착오적인 발상이다. 미래사회는 한 사람의 지식이 아니라 여러 사람의 '협업'으로 문제를 해결해 나가야 하므로, 학생들이 주도적인 문제해결력을 기를 수 있도록 교육 방식이 바뀌어야 한다고 교육 전문가들은 말한다.

과학기술의 발달 역시 학교교육에 큰 영향을 주고 있다. 2016년 알파고와 이세돌의 바둑 대결은 우리에게 큰 충격을 주었는데, 2019년 6월에는 AI가 일본 사법시험에 합격했다. 우리나라의 수능에도 도전해 보겠다는 인공지능도 있다 하니 스마트폰 애플리케이션 한두 개를 다운받으면 복잡한 고등학교 수학 문제도 쉽게 푸는 세상이 온 것이다. 온라인상에는 특출난 강사들이 등장하고, MOOC(Massive Open Online Course) 같은 온라인 공개 수업은 대학과 전문 교육기관의 강의를 온라인에 무료로 공개해 시간과 공간을 초월해서 얼마든지 배울 수 있는 시대를 만들었다. 같은 나이의 학생들이 같은 시간, 같은 장소에 모이는 3S(same age, same time, same place) 교육은 3A(anyone, any time, any place) 교육으로 바뀌고 있다.

이러한 세상에서 학교교육은 새롭게 변화되어야 한다. 목적과 방향을 제시했던 과거의 일선형[8] 교육과정에서 학생들의 필요와 요구에 맞는 개별화·다양화·유연화된 교육과정으로 바꾸어 미래사회 우리 학생들이 다양한 방향으로 성장해 나갈 수 있도록 이끌어야 한다.

마지막으로 가장 큰 물결이라고 할 수 있는 변화는 바로 민주주의 교육 방식이다. 2016년 겨울, 전 국민이 자발적으로 광장에 나가 촛불을 들었고, 기존의 잘못된 질서를 바로잡고 새로운 시대를 여는 데 큰 힘이 되어 주었다. 그 광장에서 학생과 학부모를 비롯한 많은 사람들이 민주적 의사결정에 동참하고, 직접 민주주의를 실천하였다.

마찬가지로 최근 학교도 변화하고 있다. 중앙집권적인 하향식(top-down) 방식에서 지방분권적인 권한 부여가 이루어졌고, 아래로부터 만들어 가는 상향식(bottom-up) 방식으로 학교교육의 모습이 바뀌어 가고 있다. 지역의 차이를 고려한 특화된 교육이 교육 수요자에게 제공될 수 있도록 학교의 자율권 확산과 교육력 제고를 위한 자율경영 체제의 모습으로 거듭나고 있다.

교육자치에서 학교자치로 그 면모가 드러나면서 교사의 책무성과 자율적 전문성도 중요해졌다. 학교교육에서 교육과정을 운영하고 교육 수요자를 만나는 사람이 바로 교사이기 때문이다. 따라서 교사는 학교 현장에 맞게 교육과정을 조율하고 설계할 수 있는 민주적 시민역량을 갖

---

8 학습목표 - 교육 내용 선정 - 교육목표 조직 - 평가의 시스템과 같은 일련의 과정.

취야 한다. 이제 교사는 개별 학생의 요구(needs)를 충족시켜 주는 맞춤형 학습 설계 역량을 갖추고, 이를 학교 교육과정에서 민주적으로 꽃피워야 하는 시대가 된 것이다.

시대와 사회의 변화에 따라 그 목적을 달리했던 교육과정의 역할과 기능은 미래사회가 다가오면서 또 다른 진화된 정체성을 보여 주어야 한다. 학생 개개인의 흥미, 적성, 소질, 능력, 수준에 맞은 방식으로 배움의 내용을 설계하여 학생들의 잠재력을 최대한 발현시키는 개별화·개인화·다양화된 교육과정이 필요하다(경기도교육청, 2018). 인공지능의 출현과 과학기술의 발달로 가르치고 배우는 사람들이 함께 만들어 가는 교육과정으로 바뀌어야 한다. 또한 학생·교사·학부모가 함께하는 민주주의 교육을 통해 학생들을 민주시민으로 성장시키는 교육과정, 학교 구성원 모두가 학교 현장에서 민주주의를 체험하고 실천할 수 있는 교육과정으로 진화해야 한다.

학교자치 시대가 열리고 있다. 학교교육의 중심을 잡고 있는 교육과정이 미래사회의 변화를 어떻게 반영하고 운영해 나갈 것인지 고민해야 한다. 국가 주도의 교육과정 운영에서 교육 수요자의 요구를 파악하여 맞춤식 성장을 구현해 줄 수 있는 개별화된 교육과정 운영으로 그 패러다임이 전환되어야 하는 지금, 학교 현장에서 교육 수요자를 직접 만나고 있는 교사의 역량이 무엇보다 중요해졌다.

교육과정 패러다임의 전환과 교사의 역할

국가에서 교육과정의 목적과 내용을 정해 모든 학생이 똑같이 배우는 패러다임은 더 이상 적합하지 않다. 이제는 학생 개개인의 필요와 요구에 맞게 개별화된 학생 중심의 패러다임으로 전환되어야 한다. 이 길목에 교사가 서 있고, 교사의 역량에 따라 교육과정 패러다임 전환의 성패가 달려 있다. 교육부나 교육청에서 내려온 교육과정이 아닌, 각 지역 학교 현장에 맞춰 학생들이 미래사회에 필요한 역량을 키울 수 있는 창의적인 교육과정을 설계하고 실천해 나가는 것은 이제 교사의 몫이다. 따라서 교육과정 패러다임 전환에 따라 교사의 역할도 재정립되어야 한다(나현주 외, 2018).

「경기미래교육 2030」 연구에 따르면, 동질집단이 아닌 다양한 특성을 가진 교사가 학교 현장에 있어야 하며, 교사의 역할이 교과서 지식을 가르치는 사람에서 학생의 학습을 지원하고 지지해 주는 사람으로 변화할 필요가 있다고 강조하였다(김기수 외, 2018). 또한 가르침을 재정의하고 학생의 능동적 배움에 초점을 두는 교사, 학교 안팎에서 협업하는 역량 있는 교사가 미래사회가 요구하는 교사의 역할이자 자질이라고 제시한 바 있다.

미래학자 토머스 프레이(Thomas Fray)는 미래사회에 필요한 교사의 역할을 제시했는데, 학교에 남아 가이드 · 코치 · 튜터의 역할을 하는 교사, 경험학습과 이벤트를 기획하고 디자인하는 교사, 특색 있는 프로젝트·캠프 등을 기획하고 운영하는 교사, 위험과 실패를 감수하고 혁신에 도전하는 모험정신을 함양시키는 교사, 코스웨어(courseware)[9]를 기획하고 제작하는 교사 등을 예로 들었다. 또한 학생과 지역사회의 가교 역할을 하면서 지역사회와 네트워크를 형성하고 유지하는 프로젝트 관리자로서의 역할도 미래사회에 필요한 교사의 전문적인 역할이라고 그는 말했다. 아울러 인지적 역량 함양뿐만이 아니라 인문·예술적인 역량과 정서·사회적인 역량을 키워 주는 것이 중요하므로 상담자로서의 역할과 배움의 환경을 조성해 주는 역할 또한 핵심적인 교사상으로 부각될 것으로 내다보고 있다(Hargreaves & Shirley, 2015).

교사 교육과정[10]의 등장

이처럼 사회적·정치적·경제적 맥락에서 학교자치 및 분권화가 뜨거운 이슈이다. 지역사회와 단위학교의 특성과 요구를 반영하여 교육과정을 다양화할 수 있는 유연한 교육제도에 대한 요구가 부상한 것이다. 따

9   코스웨어는 교과과정(course)과 소프트웨어(software)의 합성어로, 교수·학습을 효과적이고도 효율적으로 성취시킬 목적으로 바람직한 교수 환경 또는 수업 조건을 창출해 낼 수 있도록 설계된 컴퓨터 소프트웨어이다.
10   교사 교육과정이란 국가·지역·학교수준 교육과정 지침을 바탕으로 학생의 실태 및 요구를 반영하여 교사의 자율적·전문적 판단하에 학생의 성장·발달을 촉진하도록 편성·운영하는 교육과정이다.

라서 교육부의 권한은 점차 축소하고 시·도 교육청의 학교교육 권한을 강화하여, 궁극적으로는 단위학교의 교육력을 높인다는 것이 학교자치 및 분권화의 최종 목적이다. 법적 조항으로「초·중등교육법」제20조와 제23조를 살펴보면 국가수준 교육과정을 기준으로 기본적 사항을 반영하고, 지역 실정에 적합한 기준과 내용을 고려하여 단위학교 중심의 교육과정 편성·운영이 가능함을 확인할 수 있다. 아울러 제20조 제3항을 보면 교사는 학생을 중심으로 한 교육과정을 실천할 수 있다고 보장하고 있다.

「초·중등교육법」제23조 제1항에서 '학교'를 주어로 명시하고 있는데, 교육 행위의 주체로서 권능과 행위 능력을 학교에 부여하고 있음을 확인할 수 있다(정기오, 2009). 이것은 교육에 관한 한 학교의 법적 주체성을 상정하고, 교육과정 운영의 권한을 학교에 부여한 것으로 해석할 수 있다. 따라서 국가수준 교육과정은 교사에 의해 개발·운용되는 학교교육과정이「초·중등교육법」이 정하는 학교교육이념과 학교교육목표에 관한 요건을 충족시키는지의 여부를 판단하기 위한 기준의 성격을 갖는다.

이처럼 국가에서 지역, 지역에서 학교, 그리고 학교에서 교사수준으로 교육과정에 대한 권한 이양을 토대로, 교사는 학생을 바라보고 효과적인 교육과정을 실천해야 함을 알 수 있다. 이에 대한 법적 조항을 살펴보면 다음과 같다.

[표 5-3] 교육과정 분권화에 따른 교육과정 관련 법적 조항

교육부 (국가수준 교육과정)	→ ←	교육청 (지역수준 교육과정)	→	학교 (학교수준 교육과정)	→	교사 (교사수준 교육과정)
• 「초·중등교육법」 제23조 제2항 • 교육과정의 기준과 내용의 기본적 사항		• 「초·중등교육법」 제23조 제2항 • 지역 실정에 적합한 기준과 내용		• 「초·중등교육법」 제23조 제1항 • 학교 교육과정의 운영		• 「초·중등교육법」 제20조 제3항 • 법령이 정하는 바에 따라 학생 교육

넓은 의미의 교육과정 기준과 내용의 기본적 사항   학교 교육과정 편성·운영   교육과정 실천

국가수준 교육과정은 교육의 성과를 보장하는 측면에서 유용하다. 교과서는 교육의 효과성·생산성을 높여 주며, 짧은 기간에 상향 평준화를 만드는 데 큰 역할을 하였다. 이에 교육의 보편화·공통화까지 보장되는 장점을 보여 주었다. 하지만 학령인구의 감소와 학생의 요구에 맞게 다양한 형태로 수업을 운영해야 하는 시대적 흐름에 획일화된 국가수준 교육과정은 한계를 보여 주었다. 학생의 학교 및 학습 만족도를 높이고, 삶 속에서 배움의 행복을 경험하는 유의미한 교육과정이 요구되므로, 이를 위해 교사는 교육과정 문해력[11]을 바탕으로 학교나 교실에 최적화된 교육과정을 재구성해야 한다(정광순, 2012). 이러한 방식으로

---

11   교육과정 문해력(curriculum literacy)이란, 교사가 교육과정 문서를 읽고 해석하여, 학생의 성장·발달에 적합한 수업을 구안·실천하고, 성취 정도를 평가하고 환류하는 교육과정 상용 능력이다.

교사가 교육과정을 편성·운영한다면 학생과 교사 모두 수업에 있어 주체가 되며, 교사로서 학생으로서 살아 있는 느낌, 존재감, 전문성을 경험할 수 있을 것이다(경기도교육청, 2017).

[표 5-4] 교과서 중심의 교육과정 간접 사용 방식

[표 5-5] 교사 중심의 교육과정 직접 사용 방식

이처럼 교과서 중심의 교육과정 간접 사용 방식에서 교사 중심의 교육과정 직접 사용 방식으로의 전환이 요구되며, 교사가 교육과정을 직접 사용하여 학생에게 최적화된 학습 만족도와 배움의 성장을 보장하는 것이 무엇보다 중요하다. 그리고 교사가 교육과정의 최종 결정자이자 개발자로서 학교 현장에 맞게 교육과정의 자율성과 전문성을 지속적으로 확대할 수 있는 교육과정 편성·운영권을 가져야 한다. 이러한 흐름을 종합하여 하나로 담아 낸 것이 교사 교육과정이다.

교사 교육과정은 다가올 미래사회의 변화에 유연하게 대처할 수 있는 교사의 전문성과 다양한 학습자의 교육 만족도를 높일 수 있는 교육과정 정책으로 손꼽힌다. 교사 교육과정은 교사의 교육과정 문해력 역량을 발판으로 심화·발전되었지만, 아직 학교 현장에 안착하지 못한 상태이다. 하지만 교육과정 편성·운영권을 전적으로 교사에게 부여하고, 분권화 및 학교자치 시대에 필요한 교사의 역할과 전문성을 보다 강조한 정책이라는 점에서 그 시사점을 찾을 수 있다. 교사의 교육과정 재구성권 확대를 통해 단위학교의 교육력을 제고하고, 교육과정 결정의 분권화 및 교육과정 자율성 권한 확대가 필요한 시점에 새로운 교육문법 체제를 지원하는 데 핵심적인 정책으로 작용할 것이다. 즉, 교사 교육과정의 등장은 학교자치 시대를 활짝 열어 주는 획기적인 계기를 만들어 줄 것이다.

교육과정을 새롭게 구현해 내는 힘,
교사의 교육과정 자치력

학교교육의 뼈대와 근거라 할 수 있는 교육과정은 국가 교육과정에서 지역 교육과정을 거친 다음, 학교 교육과정에 도착하게 된다. 학교 교육과정은 다시 학년 교육과정으로 나누어지고, 이는 학급 교육과정으로 교실단위로 나누어져 교사가 학생들을 가르치고 있다. 그동안 교사는 이러한 하향식 공간 이동으로 정해진 내용을 학생들에게 전달하는 것에 집중해 왔던 것이 사실이다. 이러한 교육과정 운영은 민주적이지 않았다. 표면적·계획적·공식적 교육과정으로 내려온 국가수준 교육과정은 강제된 형태로 교사에게 전달되어 학교 현장의 자율성을 제한하기 때문이다.

2차원적 교육과정[12]의 문자와 언어를 가지고 교육과정을 전달하고 수행해 왔던 단계에서 이제 벗어나야 한다. 하향식 공간 중심의 교육과정에서, 학생을 바라보고 교육과정을 인식하는 '사람 중심의 교육과정'으로 전환되어야 한다. 교사는 기존의 국가·지역·학교 교육과정을 중심으로 반드시 가르쳐야 할 기본을 파악한 후, 교육과정의 수혜자인 학생의 성장이 잘 일어날 수 있는 교육과정으로 재구성해야 한다. 즉, 학생의 삶에서 교육을 통해 성장이 일어나도록 3차원[13]의 세계로 전환시켜야 하는 것이다. 여기서 교사가 만나는 학생들의 성장을 위해 교육과정을 맞춤형으로 설계하고 구현하는 '능력'이 필요하다. 교사의 삶과 철학, 가치관 및 교육적 혜안을 반영한 적극적인 해석으로 교육과정을 보다 맞춤형으로 진화시키는 '역량'이 필요한 것이다. 이처럼 교육과정 개발 차원에서 교사의 자율성과 전문성을 발휘하는 것을 교사의 교육과정 자치력이라고 한다.

---

12 교육과정이 계획 문서로 표면화되어 있는 차원.
13 교육과정이 학생의 활동으로 실천되고 실행되는 차원.

교육과정 재구성은 이미 존재하는 교육과정을 다시 구성하는 것으로 풀이할 수 있다. 기존에 이미 존재하고 있는 교육과정이 A라면, 주어진 상황과 맥락에 맞게 재구성된 교육과정은 B이다. 이미 구성되어 있는 교육과정을 교실 현장에서 학생들에게 그대로 가르친다면 어떻게 될까? 가르치고자 하는 내용이 학급 상황에 맞지 않아 배움이 잘 일어나지 않는 경우가 있을 것이다. 여기서 교사에게 주어진 교육과정을 학급에 맞게 조정·조율하는 '재구성' 작업이 요구된다(서명석, 2016). 이때 A는 국가 교육과정이고, B는 교사 교육과정일 가능성이 높다. 그리고 그 사이에 지역 교육과정과 학교 교육과정이 자리 잡고 있다. 즉 지역 교육과정은 A′이고, 학교 교육과정은 A″가 된다. 우리나라는 중앙집권형 국가 교육과정을 행사하고 있어 국가–지역–학교로 이어지는 하향식 교육과정은 그 핵심과 내용 골자가 매우 흡사하다. 그런데 교사 교육과정을 B라고 말한 이유는 다음과 같다.

허영주(2011)는 교육과정 구성뿐만 아니라 수업 지도안 작성 및 교사가 실제 가르치는 활동까지 모두 교육과정 재구성이라고 말한다. 성열관·이민정(2009) 역시 교육목표를 효과적으로 달성하기 위해 교사가 행하는 교육 내용의 전체적인 디자인을 교육과정 재구성이라고 말하고 있다. 김소영(2015)도 텍스트가 아닌 콘텍스트(context)로 교육과정을 읽어 내는 능력이 필요함을 강조한다. 즉, 교사 교육과정은 주어진 상황과 맥락에 따라 2차원적 A가 3차원적 B로 바뀌어져야 하는 것이다. 기존 국가(A), 지역(A′), 학교(A″) 교육과정이 유사하게 하강하는 것과 달리 학생과 현장의 여건에 따라 달라지는 교사 교육과정은 재구성 차원을 넘어 새롭게 만들어지는 B인 것이다.

서명석(2016)의 주장을 인용하여 두 가지 관점으로 교육과정을 분리해 보자. 하나는 교육과정을 완성된 '기준'으로 보는 방식이고, 다른 하나는 완성된 것이 아닌 하나의 '방향'을 제시해 주는 방식이라고 보는 것이다. 전자는 '주어진 교육과정(mandated curriculum)'으로 볼 수 있고, 후자는 '만들어 가는 교육과정(making curriculum)'으로 볼 수 있다.

주어진 교육과정은 고정된 것이어서 그 안에 담긴 핵심 개념을 벗어나면 안 된다. 교육과정에 일부 변형은 할 수 있으나, 그 핵심 개념 안에서 교육과정을 운영해야 한다. 한편 만들어 가는 교육과정은 주어진 교육과정과 다르게 방향을 제시해 주기 때문에 상대적으로 운신의 폭이 넓다. 학교 현장의 다양한 변수를 고려하여 특징을 반영하는 교육과정이 만들어져야 하기 때문에 고정된 틀 안에서 변형된 교육과정 재구성 이상의 가치를 갖는다.

교실 현장에 맞는 교사 교육과정을 만든다고 가정해 보자. 이때 교사는 국가수준 교육과정 집필자들의 해석, 지역수준 지침 및 장학 자료, 학교수준 교육과정을 기반으로 교과서 및 지도서를 파악하여 전반적인 조망도를 그려 내며 자신만의 교육과정을 만들 것이다. 여기서 교사는 '나만의 내용(what)'을 개발할 것이고, 효과적으로 가르치기 위한 '교수·학습 방법(how)'을 설계해야 한다. 이러한 내용과 교수·학습 방법이 왜(why) 적합한지에 대한 당위성과 학생의 연령과 발달 수준(who)을 고려하면서 언제(when), 어디서(where) 교육과정을 실천할 것인지 고민한다. 이를 체계적으로 설명하면, 교사는 교육과정을 기획하고(to plan), 이를 바탕으로 내용을 개발하며(to develop), 개발된 내용을 조직하고(to organize), 이를 토대로 실행(to implement)하게 될 것이다. 이러한 만들어 가는 교육과정의 행위들을 정리하면 '교육과정 기획-개발-조직(편성)-실행(운영)'이라는 창조적인 역할을 하게 된다.

이렇게 교육과정을 다루는 교사의 역할은 가히 전문적이고 창의적이라고 말할 수 있다. 앞서 언급된 교육과정 재구성은 '다시' 구성하는 것을 의미하지만, 전술된 교사의 전문적 역량이 입체적으로 구현되는 것을 본다면 이것은 교육과정 재구성 이상의 형태임을 깨달을 수 있다. 결국 교사는 기존의 것을 유사하게 재구성하는 수준이 아니라, 교실에서 펼쳐지는 입체적인 변수를 모두 파악하고, 그에 맞춰 교육과정을 기획-개발-조직(편성)-실행(운영)하여 수업을 다시 설계하는 '교육과정 창조자'가 되는 것이다.

교육과정을 새롭게 구현해 내는 힘, 교사의 교육과정 자치력은 교육과정 재구성을 뛰어넘어 주어진 규범 속에서 필요에 의해 스스로 자율성을 행사하는 다차원적이고 입체적인 교육과정 생성자로 거듭나게 해 주는 메커니즘이다.

교육과정 협치를 통한 교육과정 자치의 완성

교육과정 운영 주체의 변화를 살펴보면 '국가 → 지역 → 학교 → 교사 → 학생'으로 인식할 수 있다. 이 중 학교 교육과정은 학교 구성원의 민주적·협력적 참여에 의해 구성되어야 한다. '학교 교육과정 - 학년 교육과정 - 학급 교육과정'의 프레임으로 본다면, 학교 교육과정위원회, 학년협의회, 교과협의회 등과 같은 협력체가 학교 안에 있다고 상정할 수 있다.

그런데 교육과정 입장에서 보면 협력 시스템은 존재하나 자율 시스템의 부재를 확인할 수 있다. 일선형 형태의 공동체 기반 협력체는 교육과정 재현에 초점을 두고 있어 '창의'나 '자율'[14]이 개입할 여지가 없다. 자율 시스템의 부재는 교사가 전문성을 가지고 학생 및 현장 중심의 유연한 교육과정을 실행하는 데 한계를 가져온다. 학교자치 및 교육과정 분권화 시대에 교육과정에 대한 자기결정권 회복은 공동체성의 회복이기도 하다. 따라서 협력과 자율의 두 톱니바퀴가 돌아가야 공동체 성장 시스템이 제대로 작동할 수 있다. 이것을 교육과정 자치력에서 교사의 전문적 자본을 배양하는 '관계적 자율성'으로 공동체성을 이해할 수 있다.

---

14   자율 = 자기결정 + 자기규율 + 책임

[표 5-6] 교사 교육과정의 자치와 협력

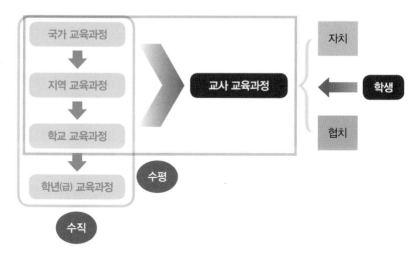

[표 5-6] 교사 교육과정의 자치와 협력

  존 호킨스(John Howkins)는 다양한 개인이 시스템 안에서 적용 가능한 방식으로 새로운 아이디어를 생산함으로써 자신을 표현하고, 타인에 의해 그것이 지지받고 인정받는 곳을 '창조 생태계'라고 하였다. 교사 교육과정 역시 자신만의 교육과정을 편성·운영함으로써 '교육 생태계'를 구축하는 힘으로 작용할 수 있다.

  기존의 일선형 형태로 수직 하강하는 교육과정은 자기표현이 없는 것이었다. 그래서 교사 교육과정이 만들어지기 어려운 환경이었다. 결국 교사 교육과정은 '공동체성의 부재'가 아닌 '교육과정 및 교육 내용에 대한 결정권 부재'로 그 관점을 전환시켜 바라보아야 한다. 즉 교사 교육과정은 학교문화 혁신을 통한 공동체 동력을 유발·유지하는 전략으로 지속적으로 추진될 수 있으며, 교사에게 자율성을 줄 수 있기 때문에 다양한 학생들의 요구를 충족시켜 주는 학교교육력 제고의 견인차 역할을 할 것이다.

　그렇다면 이제 우리는 교육과정 공동체성을 통한 협치를 그려 볼 수 있다. 학생 중심의 교사 교육과정을 편성·운영하기 위해서는 학교 교육과정을 중심으로 공동체성을 발휘해야 하는데, 이때 학교 교육과정위원회는 물론이고, 학년협의회, 교과협의회, 교사 학습공동체 등을 통하여 교육과정을 함께 읽고 학습하는 협치의 모습이 필요하다. 학교 현장의 여건과 실태에 맞는 창의적인 교육과정이 공공성·타당성 있는 교육 내용으로 이루어지려면, 교사 개인이 아닌 동료 교사와의 협력으로 교육과정 운영의 질을 담보해야 한다. 사실 교사 혼자 부담하기에 버거운 교육과정 과제가 많다. 이를 동료 교사와 '함께', '더불어', '연대'하여 풀어 나가는 거버넌스 형태의 교육과정 운용은 필수인 시대가 되었다.
　또 하나의 숨어 있는 협치의 모습이 있는데, 바로 학생과의 협치이다. 교육과정을 유연히게 운영해야 하는 궁극적인 이유는 각사 나른 가능성과 잠재력을 갖고 있는 학생들이 있기 때문이다. 이러한 이유로 교육과정 의사결정의 또 다른 협치 주체는 학생과 이들을 지원하는 학부모이다. 학생이 무엇을 원하는지(want), 무엇을 할 수 있는지(can), 무엇을 해야 하는지(must), 그리고 미래사회에 무엇을 하게 될지(may) 모르는 상황에서 학생·학부모와의 협치는 학생 중심의 교사 교육과정을 구성하는 데 매우 중요한 원천이 되며, 위 네 가지(want, can, must, may)는 교육과정 구성 원리에 중요한 소스가 된다. 따라서 교육 수요자와의 교육과정 의사소통은 교육다운 교육을 구현하기 위한 필수 요소이다. 학교에서 교육과정위원회를 운영하는 것처럼 교육 수요자와의 거버넌스 구축은 민주적 교육과정 운영의 핵심이다. 학교 단위에서의 교육수요자 의견을 수렴하는 것은 학교의, 1년의, 전체의 공동 비전을 세우는 데 필수적으로 반영되어야 한다. 또한, 학생을 중심으로 교육과정을 운영하는 교사 교육과정은 좀 더 세세하게 파악하고 미세하게 조정하여 작은 단위의 교육과정 조직체(curriculum association)가 있어야 배움의 중심에 학생을 제대로 세울 수 있다. 이것이 바로 교사 교육과정 구현을 담보하는 '공동체성의 모체(community body)'이자 거버넌스를 강조하는 '협치'이다.

　마지막으로 교육자치, 학교자치에 따른 지역사회와의 연계도 최근 떠오르는 협치의 한 모습이다. 최근 지방자치단체와 함께 혁신교육지구를 지정해 교육활동을 지원하는 흐름이 대세이다. 이는 교육과정이 교실 안 평가에서 그치는 것이 아니라, 학생이 살고 있는 지역사회에 실천을 통해 발현되는 삶의 역량으로 교육과정의 지향점이 전환되었기 때문이다. 따라서 학교는 지역 내 다른 학교와 협업, 기관과의 협업으로 교육 파트너십을 구축하기도 한다. 지역사회 인사나 교육자와 함께 교육의 무늬[15]를 그려 내는 경우도 있다. 학교는 이제 민·관·학의 협업

15　일선형의 교육과정을 수행하는 것이 아닌, 다양한 주체가 함께 교육적 공간과 상상력을 넓히며 자신만의 교육과정을 디자인하는 것이다.

체로 학교 중심의 교육공동체를 구성해 나가는 협치력을 발휘하고 있는데, 이러한 협치력은 학교공동체의 교육과정 자치력에서 나온다고 볼 수 있다.

[표 5-7] 교사의 교육과정 생태계 구현

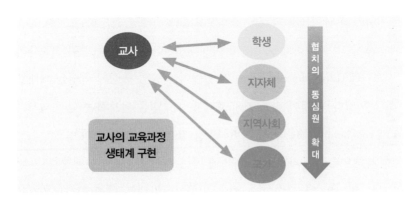

교육과정 자치력은 결국 학교 안에서의 동료 교사와의 협치, 학생·학부모 등 교육 수요자와의 협치, 나아가 학교를 둘러싸고 있는 지역사회와의 협치로 교육과정 생태계를 만들어 내는 힘이다. 이러한 맥락에서 교육과정 협치는 교사를 중심으로 학교자치를 구현하는 교육과정 자치의 완성된 모습이라고 할 수 있다.

학교자치 시대! 교사가 교육과정 자치력을 발휘하여 자신의 교육과정 생태계를 구축하는 교육과정 전문가(curriculumist)가 머지않아 나타날 것으로 기대된다.

교원 지방직화의 도입 필요성, 쟁점과 과제

지방직 공무원과 국가직 공무원의 차이

국가직 공무원과 지방직 공무원은 여러 가지 면에서 차이가 있다. 국가직 공무원 시험은 인사혁신처가 주관하며, 발령 지역은 전국이다. 응시 지역과 상관없이 합격하면 전국 어디든 발령이 날 수 있다. 반면 지방직 공무원은 지방자치단체(시·도 교육청 포함) 소속이며, 지방자치단체 내 속해 있는 기관으로 발령이 난다. 예를 들어 군인, 판·검사, 경찰 등은 국가직 공무원이며 임용과 동시에 전국으로 발령이 난다. 광역인사권제 이기 때문에 거주지와 먼 곳으로 발령이 나면 이사를 하기도 한다. 이것이 국가직 공무원이 가장 힘들어 하는 부분이다.

타 국가직 공무원과 달리 교원은 거주지를 옮기지 않아도 되는 특혜를 누리고 있다는 비판이 일부 있다. 교원은 지방직 공무원과 같이 특정 시·도를 정하여 시험에 응시하고, 합격 후에는 응시한 지역 내에서만 발령이 나기 때문이다. 17개 시·도 교육청이 별도 선발을 하고 있으므로 사실상 지방직 공무원으로 전환되어도 큰 문제가 없는 상황임에도 국가직 공무원을 유지하고 있다. 국가 교육정책과 지역균형발전을 그 이유로 들고 있다. 국가가 표준화된 교육정책을 펼치기 위해서는 질 좋은 교원이 전국 곳곳에 확산되어 있어야 한다는 논리이다.

그런데 모순점이 있다. 국가직 공무원인데 시·도 교육청에서 선발·임용·배치하고 있다면 우수한 교원이 순환되지 않는다. 해당 시·도 내에서만 순환근무(전출·전입)를 원칙으로 하고 있기 때문이다. 이는 국가 수준의 표준적인 교육정책을 실현하기 위해 우수교원을 순환근무시킨다는 대원칙에 위배되는 것이 아닌가?[16] 더구나 문재인 정부는 지방정부를 선언했고, 경찰도 국가직 공무원에서 지방직 공무원으로 전환하려 하고 있다.[17] 이제 중앙집권적인 정책에서 벗어나 해당 지역의 발전을 위해 지역 내 모든 자원이 노력해야 한다는 뜻이다. 그런데 교육정책은 표준화되어야 하지만 지역 발전은 해야 한다는 것 자체가 말이 안 되는 모순적인 발상이다. 당사자인 교원의 이해관계를 떠나서, 현재 정책은

---

16 매년 시·도 간 교류가 있긴 하지만 소수 인원에 그치고 있고, 동수교환이 원칙이다. 이는 국가직과 지방직의 차이가 아니라 모든 공무원이 시·도 교류를 한다. 일부에서는 국가직과 지방직 교류를 하기도 한다.

17 자세한 내용은 『교사 불신』(테크빌교육, 2019)에 일부 다뤘으니 생략한다.

일관성도 없고, 앞뒤가 안 맞는 상황이 발생하고 있다. 만약 국가직 공무원을 유지하면서 지역균형발전을 이유로 든다면 검사·판사·군인 같은 발령 형태가 되어야 하는데, 그렇지 못한 이유는 교육부의 행정 편의로 인해 시·도 교육청에 임용의 일정 부분을 위임했기 때문이다. 사실상 국가직 공무원을 유지하는 논리와 흐름은 이미 소멸한 것과 같다.

당사자인 교원 입장에서 국가직 공무원과 지방직 공무원을 선택하라고 하면 당연히 국가직 공무원을 선택할 것이다. 그 이유로는 신분 불안에 대한 요인이 가장 크다. 특히 소방직 공무원의 열악한 상황이 교원에게도 전이될 것을 우려해 지방직화를 반대하는 목소리가 있다. 소방직 공무원이 17개 시·도 내에서 복지 혜택 등에 차별적 요소가 많아 일부 지역에서는 개인 복장(방화복 등)을 사비로 구매하는 경우도 있다고 언론에서 종종 다루어졌다. 이는 지방자치단체에서 소방 예산을 심의할 때 대변인 역할을 할 기관 대표가 없는 구조적인 원인이 크다. 그 때문에 예산 부족을 이유로 소방 예산을 가장 먼저 삭감하는 상황이다. 특정 지방직 공무원을 예로 들어 지방직 공무원 전체가 열악하다고 판단해서는 안 된다. 실제로 국가직 공무원보다 더 좋은 대우를 받는 지방직 공무원도 많고, 현재 교원은 기관 대표를 맡고 있는 시·도교육감이 별도로 존재한다. 이들의 위치는 법적으로 볼 때 아직까지 차관급이나,[18]

---

18 많은 연구·논문에서 과거 임명제와 같은 형태의 차관급 대우로 인식하고 있다. 법·제도가 바뀌지 않는 이상 차관급이라는 학계의 해석이 많다.

임명직인 교육부 장관보다 더 많은 인사권과 권한을 행사하고 있는 것이 사실이다.

교원이 국가직 공무원이라서 누리는 혜택?

강의할 때 가끔 국가직 공무원을 유지하는 것이 교원에게 어떤 이익이 있는지 묻는다. 대부분 명확하게 답하지 않지만, 공통적인 답변은 국가직 공무원이기에 안정적으로 월급을 받을 수 있고, 소방직 공무원처럼 열악한 대우를 받지 않는다는 것이다. 이들이 간과하고 있는 것은 현재 교육전문직(장학사·장학관·교육연구사·교육연구관)은 지방직이라는 점이다. 2011년부터 시·도교육감 소속 지방직 공무원으로 바뀌었다. 이들의 논리에 따르면 교육전문직은 열악한 대우를 받고, 급여도 안정적이지 않다는 것인가? 전혀 그렇지 않다. 오히려 교육전문직 시험은 높은 경쟁률을 유지하고 있다.[19] 지방직 공무원이라고 해서 대우가 낮거나 인기가 없지 않다는 것을 반증한다.

공무원의 급여는 호봉제를 기준으로 한다. 매년 초 중앙부처인 인사혁신처에서 공무원 봉급표를 발표한다. 이 봉급표의 기준이 되는 액수

---

[19] 물론 교육전문직 대부분이 국가직(교감·교장)으로 재전직이 가능하나, 교육전문직으로 임기를 마무리하는 경우도 있다(교육장·국장 등).

는 지방직·국가직 공무원 모두 해당된다. 국가직 공무원이라고 기본 호봉을 높게 책정하거나, 지방직 공무원이라고 낮게 책정할 수는 없다. 이는 법으로 보장되어 있다. 공무원을 준비하는 전국 30만 명의 수험생은 국가직과 지방직을 구분해서 준비하는 경우도 있지만, 국가직과 지방직을 동시에 준비하거나 지역 특성이나 연고지를 반영하는 지방직을 선호하기도 한다. 임금 차이, 복지 차이 등을 이유로 지방직을 선택지에서 제외하지 않는 것이다. 서울특별시의 25개 기초자치단체 공무원은 모두 지방직 공무원이며, 서울·경기를 포함한 17개 광역 지방자치단체도 모두 지방직 공무원이다. 우리나라의 수십만 명에 달하는 공무원이 월급과 복지의 불안정성을 걱정하면서 살아가고 있지 않다. 이들이 느끼는 만족도는 국가직 공무원과 크게 다르지 않을 것이다.

오히려 교육전문직이 지방직 공무원으로 바뀌어서 더 많은 혜택을 받는다는 이들도 있다. 각종 수당이나 복지(특별휴가·연수) 측면이다. 국가직 공무원은 국가직 공무원 규정을 따라야 하기 때문에 타 직종과의 형평성을 이유로 제도가 유연하지 않은 반면, 지방직 공무원은 자신들의 특수성을 이유로 조례를 만들어서 제도를 융통성 있게 바꾸기도 한다. 교육전문직의 경우 지방직 공무원으로 전환되어서 장기 재직휴가(특별휴가)를 쓸 수 있게 되었다. 대부분의 시·도 교육청 소속 지방직 공무원(교육전문직 포함)은 장기 재직휴가를 쓴다. 10~20년 사이에 10일의 휴가가 생기며, 20~30년 사이에도 10일의 휴가를 쓸 수 있다. 30년 이상인 경우에는 20일을 쓸 수 있다. 국가직 공무원인 교원에게는 없는 혜택이다.[20] 이와 더불어 국가직 공무원과 다른 별도의 특별휴가가 있는 경우도 있다. 경기도교육청의 경우 만 4세 이하의 자녀를 둔 공무원에게 연 5일의 범위에서 '부모휴가'를 부여하고 있다.

이렇듯 지방직 공무원의 복무와 관련하여 각 지방자치단체 및 시·도 교육감 소속 지방공무원 복무 조례를 만들어서 시행하고 있다. 대개는 국가직 공무원에 준해서 만들지만, 국가직 공무원보다 복지가 덜하다고 할 수 없고, 추가적으로 생긴다는 것이 일반적인 시각이다.[21] 물론 국가직을 유지한 채 이러한 혜택을 받으면 더 좋지 않겠냐고 이야기할 교원도 있을 것이다. 그러나 국가직 공무원은 다른 국가직 공무원과의 형평성을 이유로 어떠한 우선 권리를 얻지 못한다. 사실상 교원과 맞지 않는 다른 공무원과의 형평성을 이유로 표준화된 기준을 설정하고, 그 이상의 혜택은 주어지지 않는다.[22] 대표적인 예가 공무원 성과상여금이다. 현재 학교 체제와 맞지 않지만 다른 공무원에게 성과상여금이 있기 때문에 교원 성과상여금은 등급제(S, A, B)로 유지되고 있다. 모든 교원단체가 반대[23]해도 이를 남낭하고 있는 중앙정부 부처인 인사혁신처에서 절대 교원단체의 의견을 반영하지 않는다.

---

20 41조 연수에 대한 논란으로 이어질 수 있으나, 초점에서 벗어나기에 언급하지 않았다.
21 일반화하기는 어렵지만 국가직 공무원의 혜택은 순차적으로 지방직도 모두 누리게 된다. 시기의 차이일 뿐이다. 단순 비교는 어렵지만 지방직이 되었다고 차별에 노출되지 않는다.
22 물론 이상의 혜택도, 이하의 혜택도 없이 딱 표준화된 혜택을 국가직 공무원에게 준다. 직업의 특수성을 반영하기 어렵다는 얘기다.
23 모든 교원단체가 교원 성과상여금을 반대하고 있다.

이러한 상황인데도 교원은 지방직 공무원이 된다는 데 막연한 불안감을 갖고 반대만 하고 있다. 학령인구 감소로 인해 학생 수가 줄어드는데 지방직 공무원이 되면 정리해고될 수 있다는 불안감이 앞서고 있는 상황이어서, 모 교원단체는 지방직화를 막겠다는 슬로건을 전면에 내세워서 회원을 모집하는 상황까지 연출하고 있다. 실제 2017년 모 단체에서 실시한 교원 대상 설문 조사 결과 10명 중 9명이 교원의 지방직화를 반대했다.[24] 이처럼 교원의 지방직화는 이루어져서는 안 되는 것으로, 구조조정의 전 단계로 인식하는 경향이 강하다. 하지만 학령인구 감소 상황에서 국가직 공무원이니까 안심하면서 나 몰라라 하는 모양새도 긍정적으로 바라볼 수만은 없다. 2019년 현재 상황으로 볼 때 경기도와 세종시를 제외한 모든 시·도에서 학령인구가 줄어들고 있으며, 향후 10년 내 위기가 찾아온다고 전망하고 있다. 그럼에도 교원은 국가직 공무원이니 정리해고 위험이 없어 안심할 수 있다며 강 건너 불구경하듯 바라볼 수 있을까? 옳지도 않거니와, 지역사회의 소멸에 있어 역할을 하지 못하는 사실을 확인할 뿐이다.

다시 소제목의 질문으로 돌아가 교원이 국가직 공무원이라서 누리는 이점에 대해 생각해 볼 필요가 있다. 어디에서도 이런 고민을 한 연구가 없었다. 일부 정치권에서 고민하였지만 기계적인 판단뿐이었다. 국가직 공무원인 교원이 누리는 혜택이 있었다면 시·도 교육청 내에서만 인사

---

24 http://hangyo.mediaon.co.kr/news/article.html?no=81838

가 가능한 상황뿐이었다. 오히려 단점이 더 많다고 본다.

학교자치가 가능하려면 교원 TO 자율권이 있어야

다음 내용은 교육자치의 심화를 넘어서 학교자치가 실현된다는 전제를 가정한 것이다.

우리 사회는 중앙정부 의존도가 무척 높았다. 중앙정부에서 모든 예산을 내려보내고 정책을 추진하였으며, 공무원의 인원 배분도 담당하였다. 모든 것이 중앙정부 중심이었고, 이에 대해 이의를 제기하는 이들도 없었다. 더 많은 예산과 인력을 달라고 요구하는 방식에 익숙해졌고, 그 과정에서 수도권 집중현상이 심화되기도 하였으며, 지방 소도시 소외현상도 있었다.

교육 또한 예외는 아니었다. 국가직 공무원인 교원[25] 수급과 관련해서는 교육부가 아닌 기획재정부[26]에서 공무원의 총 TO(Table of Organization, 인원 편성)를 계산한다. 그렇기 때문에 모든 공무원과의 형평성과 균형을 중심으로 계산하고, 시·도 교육청이 요구한 수만큼의

---

25 재단 소속인 사립학교 교원을 제외하고 공립학교 중심으로 말하려 한다.
26 기획재정부는 중장기 국가 발전 전략 수립, 경제·재정정책의 수립·총괄·조정, 예산·기금의 편성·집행·성과관리, 화폐·외환·국고·정부회계·내국세제·관세·국제금융, 공공기관 관리, 경제 협력·국유 재산·민간 투자 및 국가 채무에 관한 사무를 관장한다(「정부조직법」 제27조).

교원을 배치해 주지 않는다. 상황이 이러하니 정원 외 기간제 교사가 늘어나는 것이다. 경기도교육청의 경우 기간제 교원의 수가 1만 5,000명이 넘기도 한다. 정규교사 배치가 원활하지 않다 보니 특수교사의 경우에는 정규교사보다 기간제 교사가 더 많은 상황이다. 학교에서는 어떻게든 수업을 해야 하니 기간제 교사든 정규교사든 배치할 수밖에 없다. 기획재정부는 학령인구 감소와 명퇴 교사 증가를 이유로 10여 년 전부터 신규교사의 정원을 동결에 가깝게 유지하고 있다.

학령인구 감소라는 심각한 상황으로 향후 몇 년 내 교원 임용 절벽[27]이 예측되고 있어 신규교사의 정원은 늘지 않고 있다. 10년 내로 신규교사를 아예 뽑지 않는 상황이 올 수도 있다는 우려도 있다. 10년 뒤에는 청소년 수가 지금보다 180만 명 감소한다는 예측도 있다. 여성가족부와 통계청이 발표한 '2019 청소년 통계'에 따르면 2019년 청소년(9~24세) 인구는 876만 5,000명이다. 청소년 인구는 1982년 1,420만 9,000명으로 정점을 찍은 뒤 매년 줄고 있다. 2019년 총인구(5,170만 9,000명)에서 청소년이 차지하는 비중은 17%이다. 하지만 2060년이 되면 청소년 인구 비중은 10.4%(445만 8,000명)까지 줄어든다.[28] 지금과 비교해 23%의 학생이 사라지는 것이다.

이러한 상황 때문에 기획재정부는 교원 수를 늘려서는 안 된다고 판

---

27   교원 임용 인원이 급격하게 감소할 것이 예측되는 상황.
28   http://www.donga.com/news/article/all/20190502/95343022/1

단하는 것이다. 물론 현재 학급당 인원수를 고려하지 않고, 지역별 격차를 고려하지 않는다면 맞는 말이다. 중앙정부의 기계적인 통제 방식은 지역별 격차를 고려하는 유연성 없이 국가수준의 총량만 계산한다. 결국 한 지역 내에서도 도심과 농촌 지역의 차이가 발생하고, 신도심과 구도심에서의 격차도 발생한다. 학생 수가 같다 하더라도 학구의 환경에 따라 생활지도나 상담, 학생 복지에 써야 할 에너지의 양은 천차만별이다. 그러나 교원의 TO는 국가가 통제하고 있기 때문에 융통성을 발휘할 수 없다.[29]

왜 교원의 지방직화에 대한 고민인가?

많은 교원이 교원의 지방직화를 반대한다. 이 단어를 교원의 정리해고와 동일하게 받아들이기 때문이다.[30] 그 내용을 보면 일면 타당한 면도 있지만, 사실관계를 확인하지 않거나 감정적으로 대응하는 측면도 많다는 생각이 든다. 수많은 지방직 공무원은 국가직 공무원이 아니더라도 자부심을 갖고 있으며, 자신들이 차별을 당한다고 생각하지 않는다. 오히려 중앙정부의 하향식 업무 진행 방식에서 자유로워서 좋다고 말하

29 학급당 인원수의 배치 기준은 교육감에게 위임되었으나, 교원의 총 TO 자체는 기획재정부에서 담당하므로 큰 의미가 없다. 어차피 연동되는 것이다.
30 강의 중 교원의 지방직화에 대해 언급하면, 대부분 분노로 일관하는 경우가 많았다.

는 이들도 있다. 국가직에서 지방직으로 전환되어 두 상황을 모두 경험한 한 공무원은 오히려 지방직이 만족스럽다는 이야기를 하였다. 물론 몇몇의 사례를 일반화하기는 어려우나, 지방직 공무원이 되면 처우가 안 좋아진다는 것은 선입견이다. 정답은 없다. 모든 제도와 정책은 완벽하지 않기 때문이다.

하지만 교육자치의 흐름이 강화되는 시점에 정책의 일관성 차원에서 고민해야 하는 것은 맞다. 교육자치를 시행함에 있어서 유·불리를 따져 가며 선택권을 말하는 것은 자치의 기본 정신을 훼손하는 것이다.[31] 이것은 우리에게 유리하니 도입하고, 이것은 귀찮고 힘드니 국가가 해야 한다는 논리는 자칫 국민들의 비웃음거리가 될 수 있다. 실제 교육자치를 내세우는 17개 시·도 교육청에 대해 교육부 관계자 중 일부는 "자신들이 빛나는 것만 선택적으로 가져가려 한다."는 불만을 이야기한다. 교육부가 지금까지 존재감이 없고, 종종 잘못된 정책을 펼치기는 했지만, 정치권과 여론의 다양한 요구와 질타 앞에서 우산 역할을 일부 했던 것은 사실이다. 교원은 국가직 공무원이고, 교육철학과 방향은 국가가 결정하기 때문이다. 이것을 이제 시·도 교육청이 감당해야 하는데, 가장 중요한 교원 인사 문제는 자신들이 감당하기 어렵다고 얘기하고 있는 것이다. 모든 일반지방자치 내 공무원은 지방직 공무원이다. 현재 교원의 지방직화를 왜 고민해야 하느냐고 묻는 것은 시·도 교육청 자

---

31 자치의 기본 정신은 국가 의사로부터의 독립이 가장 핵심이다.

치를 왜 해야 하느냐고 묻는 것과 같다.

만약 교원이 지방직 공무원으로 전환될 경우 논란거리로 언급되는 내용을 살펴보면 다음과 같다.

우선 학교 간, 지역 간 격차 심화를 들고 있다. 교원이 지방직 공무원이 되고, 시·도교육감의 권한이 강화되면 학교 간, 지역 간 격차가 매우 커질 것이라는 우려이다. 그런데 이러한 우려는 지금은 격차가 없다는 것을 전제로 하는 듯하다. 교원이 국가직 공무원임에도 불구하고 도심 지역을 선호하는 이들이 있고, 승진점수를 쌓기에 유리한 농어촌이나 벽지를 가는 이들이 있다. 이러한 경우는 차치하고, 현재 학교 간, 지역 간 격차가 없는 상황이 아닌 것은 대부분 다 알고 있다. 그럼에도 교원이 지방직 공무원이 되면 격차가 심화될 것이라는 말은 설득력이 없어 보인다.

교원이 지방직 공무원이 되면 오히려 이 격차가 줄어들 가능성이 있다. 모 시·도 교육청의 인사제도 개편 연구에 참여한 적이 있는데, 환경이 열악하여 비선호 지역인 그 지역을 의무적으로 순환근무하는 제도를 만든다는 이야기가 오갔다. 연구진 중 유일하게 반대표를 던졌는데, 순환근무제를 한다고 해당 지역에 교사가 살지 않을 것이라는 이유를 들었다. 실제로 승진점수를 쌓기 위해서든, 의무적으로 복무를 위해 잠시 거쳐 가든, 발령지가 그곳이든 그 지역에 정주하려는 교사는 거의 없다. 이유는 여러 가지가 있지만, 일단 그 지역에 대한 애정이 없기 때문이다. 그 지역에서 살기 위해서는 고향이 인근이라 지역이 익숙하거나, 장기간 거주해야 하는 이유(교육·근무지·부모님 등)가 있어야 한다. 하지만 대부분의 교사는 의무 복무 기간인 2~3년이 지나면 근무지를 옮긴다. 열악한 지역에 오래 거주하는 교사는 거의 없다.

복지 혜택이나 경제적 지원 등이 전혀 없는 것도 이유 중 하나였다. 교사는 국가직 공무원이기 때문에 특정 지역에 거주한다고 급여나 복지비를 더 받지 못한다. 벽지 수당과 농어촌 지역 수당은 3~5만 원에 그친다. 교육 격차 개선을 위한다면 이러한 상황을 고려해 차라리 교사를 지방직 공무원으로 전환해서 근무 여건을 개선해 주고, 복지 수당을 더 주는 편이 낫다. 실제 조례만 통과된다면 추가 수당을 지급하는 것은 어렵지 않기 때문이다. 가령 월 30~50만 원씩 벽지·농어촌 수당을 더 지급한다면 그 지역에 거주를 희망하는 교사도 일부 있을 것이다. 관사와 기숙사를 제공한다면 더더욱 그럴 것이다. 이러한 상상을 현실화할 수 있으려면 국가직에서 지방직 공무원으로의 전환이 전제되어야 한다. 국가직만을 유지해서는 국가 전체의 평균적인 수준을 고려하는 중앙정부 입장에서 해 줄 수 있는 것이 없다.

학교가 사라지면 오래지 않아 마을도 사라진다. 이러한 상황을 고려한다면 시·도 교육청 차원에서 교원의 지방직화를 우선적으로 고려해야 하는데, 그러한 움직임이 없다. 대부분의 시·도 교육청에서는 교원의 국가직 공무원을 유지한 채 교육감 권한만 달라고 하는 상황이다. 임용·승진제도에 있어서 모든 제도가 벽에 가로막히는 것은 국가직 공무원이기 때문이다. 교장·교감임용(공모제) 등의 확대에 있어서도 국가직 공무원으로서 교육부가 이미 명문화해 놓은 시행령·훈령·규정 등이 걸림돌이다. 이것을 시·도 교육청 차원에서 바꿀 수가 없다. 교육전문직은 2012년 지방직 공무원으로 전환되어서 시·도교육감에게 모든 권한이 있다. TO 증원에서부터 선발·활용에 대한 모든 권한을 가지고 있는 것이다.

다른 논란은 급여·혜택에 차이가 있다는 것이다. 실제 국가직 공무원이나 지방직 공무원이나 급여 차이는 없다. 단일호봉제(40호봉)에 의해 급여가 지급되고, 동일한 날짜에 발령이 난 교사들은 교육전문직으로 전직하더라도 급여의 차이가 없다. 담임 수당, 부장 수당, 교육전문직 수당 등에서의 차이는 있다. 그런데 교원의 총급여는 발령일과 근무일을 기준으로 모두 같다는 것도 오해이다. 일부 시·도는 출장비나 복지 포인트에 있어 차등을 두고 있다. 한 시·도에서는 재정에 어려움을 겪어 한때 출장비나 시간 외 수당까지 줄인 적이 있다. 국가직 공무원이라도 시·도의 재정이 어려우면 기본급여 이외의 것들은 손댈 수 있다. 단순히 국가직 공무원이라 모든 것을 보장해 주는 것은 아니다.

마지막으로 논란이 되는 것이 교육과정에 대한 국가 통제기제의 약화이다. 우리나라는 중앙집권적 국가수준 교육과정을 운영하고 있다. 장점도 분명하나, 최근 들어서는 그 부작용과 폐해도 거론되고 있다. 더군

다나 교육자치의 보장으로 시·도 교육청이 직선제 교육감을 선출·보직하고 있으면서 교육과정에 대한 시·도 교육청의 자율성은 거의 인정하지 않는다. OECD나 핀란드·스웨덴 등 타 국가와 차이가 크다. 물론 국가수준 교육과정을 포기하라는 말이 아니다. 어느 정도 방향성을 정해 놓고 그 범위 내에서 지역적 차이가 존재하도록 해야 한다. 그 지역의 특수성과 고장의 역사, 정서 등을 반영한 교육과정을 해당 지역의 교육 주체가 함께 만들어야 한다. 학교자치가 보장된 대부분의 나라들은 그렇게 설계되어 있다. 교원이 지방직 공무원이 된다고 국가가 교육과정을 포기하려 한다는 것은 억측이며, 과장된 해석이다.

지금까지 교원이 왜 과도한 행정을 유발하는 국책사업에 동원되었는지 분석해 보면 국가직 공무원인 것에 원인이 있다. 어떤 정책이든 상위 기관에서 만들어 하부 기관으로 하달하고 시행하려면 예산과 추가 인력이 수반되어야 한다. 그런데 예산과 추가 인력을 주지 않으면서 승진가산점[32] 같은 포인트로 모든 것을 대체하려는 행태의 원천은 국가직 공무원이면 국가 정책 사무에 대해 책임을 져야 한다는 발상에서 기인한다. 이로부터 벗어나기 위해서는 교원이 시·도교육감 소속 지방직 공무원으로 전환되어야 한다고 본다.

실제 2011년 이전의 교육전문직과 2012년 교육자치 이후의 교육전

---

[32] 교원의 승진가산점은 공통 가산점과 선택 가산점으로 구분되며, 대체적으로 기피 업무와 기피 지역으로 상징되는 곳에 부여한다. 공통 가산점은 교육부에 권한이 있고, 선택 가산점은 시·도교육감에게 권한이 있다.

문직은 큰 차이가 있다. 당시 이명박 정부의 이주호 전 교육부 장관이 중심이 되어 경기·광주·전북교육감을 상대로 직무이행명령과 고발이 이어졌다. 이때 해당 시·도 교육전문직은 자신의 지역을 위해 헌신적으로 노력하였다. 물론 그들이 국가직 공무원이었어도 크게 다르지 않았을 것이라고 보는 시각도 있지만, 과거와는 사뭇 달랐다는 것이 당사자들의 증언이다. 결국 수장이 교육부냐 시·도교육감이냐에 따라 달라지는 모습을 볼 수 있었다.

"국가 통제기제의 약화가 과연 부정적인 영향만 주는가?"라는 질문에 그렇지 않다고 답할 수 있다. 지역사회의 이익을 대변하기 위해 교원의 노력은 어느 정도 필요하다고 본다. 그것이 이익집단처럼 자신들의 이익을 위해서 노력하는 것이 아니라, 교육 신념과 철학을 위해서라면 더더욱 필요하다. 어디에서나 견제와 균형의 원리가 있어야 하기 때문이다. 우리 사회는 상당히 건강해졌다. 이미 선진국의 대열에 들어섰고, 시민들의 성숙으로 인해 지방자치단체가 과거처럼 무능하다는 시각으로부터도 벗어나고 있다.[33] 교원은 국가직 공무원이기에 지역 발전에 그 역할을 안 해도 된다는 생각에서 벗어날 필요가 있다. 내가 근무하는 지역과 학교의 발전이 없으면 우리 지역 자체가 소멸될 수 있다.

이미 교육전문직 선발·임용, 신규교사 선발·임용, 교감·교장 추천

---

[33] 과거에 특정 건설 비리 등이 많았으나, 최근에는 법·제도 강화, 시민단체나 국민의 역할 확대 등으로 개선되고 있는 상황이다.

등에 있어 시·도교육감이 지방직 공무원에 준하는 인사제도를 운영하고 있다. 교원이 당장 지방직 공무원으로 전환되어도 현재 운영 체제에 무리가 없다는 뜻이다. 교육자치의 보장이 전제된다면 향후 순차적으로 더욱 발전된 형태의 모델을 만들어 갈 가능성이 크다. 각종 조례를 통해 조직·인력을 재배치할 수 있고, 교육과정에 대한 학교와 교사의 자율성도 증가할 것이다.

우리는 이미 혁신학교에서 이것을 경험하고 있다. 혁신학교에서 교원 행정업무 경감, 교육과정 재구성, 교육과정-수업-평가-기록 일체화, 지역사회와의 연계, 혁신교육지구, 마을교육공동체 등을 경험하며 변화하는 교육을 느끼지 않았는가? 이 과정에서 우리는 교훈을 얻었다. 학교는 이제 지역사회와 함께해야 하고, 함께할수록 더욱 발전될 모델을 가질 수 있다는 것이다. 그 과정에서 교사들의 자율적이고 헌신적인 움직임을 엿볼 수 있었다.

더 나아가 교원의 지방직화로 융통성 있는 인사제도와 교육과정을 운영한다면 혁신학교의 완성형 체계를 갖출 수 있을 것이다. 혁신학교를 이끌고 있는 많은 교원들은 각종 문제점이 왜 바뀌지 않느냐고 묻는다. 특히 인사제도에 대한 불만이 많은데, 바꾸지 못하는 결정적인 이유는 시·도 교육청에 바꿀 수 있는 권한이 없는 것들이 많아서이다. 일부에서는 교원의 지방직화에 대한 상당수 교사들의 오해가 커 정책 도입이 힘들다면, 교육전문직처럼 교장·교감의 지방직화를 제기하기도 한다.[34] 이것은 인사제도와 교육과정에 대한 국가 통제를 약화시킬 수 있는 나름의 대안적 타협점이라 보는 시각도 있다.

현재 신규 임용되는 교원을 보면 수도권 출신이 절반을 넘어서고 있다. 전국 교대 입학생의 70~80%는 수도권 출신이라는 분석도 있다. 신규교사 임용을 위해 17개 시·도로 분산되어 있지만, 정작 본인은 수도권에 집이 있어 근무 지역에 애정을 갖지 않는다는 분석도 있다. 물론 선택은 개인의 자유이지만, 구조적으로 볼 때 시·도 교육청과 지방교육에 있어 큰 위협 요소임은 확실하다.

현재 지방직 공무원은 지역마다 차이가 있지만 응시 자격이 별도로 부여된 곳이 많다. 경기·서울을 제외하고, 많은 시·도가 초등 임용을 중심으로 미달되는 이유는 수도권 선호현상이 심한 까닭이다. 교원이 지방직 공무원으로 전환된다면 이러한 것들을 방어할 수 있는 제도를 시·도교육감 차원에서 마련할 수 있다. 교원 인사-양성-승진을 넘어서 교육과정에 대한 권한까지 시·도 교육청이 가진다면 지역사회 발전에 큰 도움이 될 것이다. 다만, 장점만을 언급하기에는 일부 부작용도 있을 수 있다. 일부 지역은 지금보다 더 퇴보할 수도 있다는 것에는 동의한다. 이 문제는 어려운 숙제인데, 결국 시민의식으로 견인해 나가야 한다고 본다.

---

34 시·도교육감협의회에서 제기된 내용이다.

교원 지방직화의 과제와 가능성

교원 지방직화를 위해 제일 먼저 풀어야 할 과제는 교원의 인식 문제이다. 교원 지방직화 전환과 관련한 논란에 대해서 막연하게 불안해 하지 말고, 국가직 공무원이라는 신분이 자신에게 어떤 의미인지 곱씹어 봐야 한다. 어떤 조직이든 새로운 정책이 도입되면 사실관계에 근거해서 도입 시 장단점, 자신의 손익에 대해서 생각한다. 아쉽게도 교원 조직은 그러한 단위가 많지 않다. 아니, 현 상황을 기점으로 생각해 보면 아예 없는 것과 같다. 교원단체도 그렇고, 시·도 교육청 차원에서도 냉철하고 면밀하게 정책을 고민하는 단위가 없다. 시·도 교육청의 정책기획 부서나 정책연구소 등도 큰 그림을 보기보다는 정책연구과제 수행에 매몰되는 경우가 많다. 교육부나 중앙정부의 치밀한 고민에 대응하기에는 역부족이라는 것이다. 오히려 논란이 되는 정책에 어떻게 접근할지 몰라 우왕좌왕하거나, 학교 현장의 의견과 반대되는 정책에 찬성표를 던져 학교를 불편하게 만드는 경우도 여러 번 보았다. 시·도 교육청 차원의 정책에 대한 체계적인 고민 없이 단타성 위주의 정책만 도돌이표처럼 시행하는 것도, 시·도에 대한 애정이 적은 것도 하나의 원인으로 보인다.

교원의 지방직화는 과거 중앙정부 차원에서 몇 번 시도되었다. 정치권에서도 은근히 희망하는 눈치다. 과거에는 교원단체의 거센 반대에 부딪혀 좌초되었지만, 교육자치와 학교자치가 심화되는 상황 속에서 교원에게도 이익이 되는 제도와 정책이 마련되도록 개선할 수 있는 기회라고 생각한다. 지방직화에 대해 교원들이 느끼는 정서적인 차이를 극복하고 어떻게 설득할지가 관건이다. 교원단체도 교원의 지방직화에 대해서 무조건 반대만 하지 말고, 긍정적 요인이 무엇인지 보다 깊게 고민했으면 한다. 도입되더라도 과정이 간단하지는 않을 것이다. 국가수준 교육과정이나 교원 TO, 교장공모제 등 여러 가지 문제가 엮여 있기 때문이다. 교원의 특수한 지위를 고려해 일부 도입이나 특별법을 통한 도입 등의 방법도 있다.

　학생과 학부모의 학교자치에 대한 무관심도 개선해야 할 사안이다. 일부 여론과 학부모는 교원의 지방직화 이야기가 나오면 국가가 교육을 포기하려 든다며 과잉 반응을 보이고 있다. 현행 체제가 좋다면 현행 체제를 유지하면 된다. 그런데 시대가 바뀌면서 여러 부작용이 발생하는데도 끝까지 현행 체제를 유지하겠다는 것은 관성에 가깝다. 시대의 흐름과 변화에 따라 제도는 유연하게 바뀌어야 한다. 교육자치의 심화와 학교자치의 흐름 속에 학생들을 위해 우리 교육이 무엇을 지향해야 하는지, 교원 지방직화와 지역화 교육과정의 필요성을 다시 한번 고민해 봐야 할 시점이다.

　향후 일부 시·도 교육청에서 학령인구 감소와 학교 통·폐합 사태가 벌어질 때 어떻게 대응할 수 있을 것인가? 국가만 바라보고 우리는 국가직 공무원이니 해고할 수 없을 것이라는 논리로 무심하게 대응할 것인가? 지역사회의 교육 발전을 위한다면 문화적인 접근과 교원의 인식 개선만으로는 불가능하다. 제도가 뒷받침되고 시·도 교육청이 혼연일 체가 되어서 지역 교육을 위해 노력하고, 지역사회와 함께해야 한다. 지 역의 특색에 맞춰 교육과정을 고민하고, 학교교육의 질이 향상되려면 교원의 지방직화는 불가피하다고 본다.

　교원 TO의 유연성이나 교원 역할의 유연성도 기대할 수 있다. 고교 학점제가 도입되면 현재 교원의 업무와 역할로서는 이 정책을 감당하 기 어렵다. 학교 내 교원의 역할 재구조화를 고민해야 한다. 가장 효율 적으로 접근하려면 국가직 공무원을 유지해서는 답이 나오지 않는다. 지방직 공무원은 예산과 인력을 융통성 있게 활용하고, 경우에 따라서 TF를 만들고 활용한 후 정규 조직으로 만들고 있는데, 교원은 한 번도 그러한 상상을 해 보지 못했다. 지방직 공무원으로 전환된 교육전문직 도 마찬가지다. 이들이 체계적으로 고민하고 준비해도 국가직 공무원 이라는 이유로 모든 상상력이 기획재정부와 교육부에 막힌다면 교육은 지속적으로 차질을 빚을 것이다.
　아쉽게도 교원은 관행에 익숙해져 있다.[35] 한 번도 상상력을 발휘하 여 제도 개혁의 선봉에 선 적이 없다. 늘 정부 주도 사업과 정책에서 시

35　개인 탓을 하는 것은 아니다. 정책과 제도가 교원의 성장을 가로막아 관성·관행에 익숙 한 교원들을 만들었다.

키는 대로만 했으며, 과도한 교원의 책임을 요구하는 일에도 인내만이 가치가 있다고 서로를 위로했다. 그 시대에는 그게 올바른 미덕이었을지 모른다. 지금은 다르다. 우리는 '가지 않은 길'[36]을 생각해 볼 필요가 있다. 변화와 개혁을 추구하는 것이 위험하고 안 좋은 것인가? 교육자치 시대의 흐름과 학교자치 변화의 요구에 눈을 뜰 필요가 있다.

---

36 「The Road not Taken」, 로버트 프로스트(Robert Frost, 1874~1963)의 시. 미국 대통령 존 F. 케네디가 취임사 및 연설문 등에서 자주 인용하였다.

고교학점제로 실현하는
학교자치 [37]

들어가며

단언컨대, 최근 우리 교육의 주요 화두는 고교학점제 정책 시행이다. 고교학점제란 대학 수업처럼 학생들이 교과를 선택하고 강의실을 찾아다니며 수업을 듣는 방식인 '과목선택제'를 토대로 학점과 졸업을 연계하는 제도이다. 과도한 성적 경쟁과 입시에 대한 부담을 덜고, 개인의 진로와 적성에 따라 수업을 듣게 하자는 취지이다. 교육부는 고교학점제를 도입할 경우 입시 중심에서 학생 성장 중심으로, 경직되고 획일적인 교

---

37 이 글은 2019년 7월 국회에서 있었던 '고교학점제의 길을 찾다 : 고교학점제 의미와 과제' 세미나에서 필자가 발표한 토론문을 토대로 작성되었다.

육에서 유연하고 개별화된 교육으로, 수직적 서열화에서 수평적 다양화 교육으로 변화할 것이라 기대하고 있다. 교육부는 2018년부터 고교학점제를 시범 운영하고, 2020년 마이스터고, 2022년 특성화고, 2025년에는 모든 고등학교에 전면 시행할 예정이다.

고교학점제는 이전 교육정책과는 상당한 차이가 있다. 이는 우리 교육의 중요한 패러다임 전환이라고 볼 수 있는데, 기존 학교 중심의 교육과정을 학생 중심의 교육과정으로 전환하는 핵심 기제이다. 학생의 진로·적성과 지역의 여건을 고려한 학생 중심 교육과정을 온전히 실행하기 위해서 학교는 학교의 벽을 넘어 지역사회와 연계된 특색 있는 학교 교육과정을 구성하고 운영해야 한다. 바로 이 지점이 고교학점제 정책이 학교자치와 깊게 연결되는 부분이다.

학교자치는 결국 학교의 특색 있는 교육과정 구성으로부터 시작된다. 단위학교가 교육과정의 자율권을 인정받아 특색 있는 교육과정을 구성원의 교육 역량과 결부하여 운영할 때 비로소 학교자치는 실현될 수 있다.

본 글에서는 학교자치와 고교학점제에 대한 논의 확대를 위해 우선 평생학습 사회에서의 학습, 기초학력, 교육 생태계 구축에 대한 의미를 살펴보고, 이를 통해 고교학점제의 개선 과제를 함께 이야기해 보고자 한다.

학습과 기초학력 그리고 교육 생태계의 구축

1. 학습의 의미 : 평생학습 사회[38]의 추구

학습은 교육적인 관점에서 바람직하고 긍정적으로 향상된 행동의 변화를 말한다. 즉 학습은 단순히 지식을 습득하는 데 한정된 개념이 아니라, 지식 습득을 통한 행동의 변화와 그 실천까지 의미한다. 하지만 학습은 매우 추상적인 개념으로 레이코프와 존슨(Lakoff&Johnson, 2006)은 우리가 일상적으로 사용하는 무수한 개념은 근본적으로 우리의 체험에 바탕을 둔 은유(隱喩)에 기초하고 있다고 지적하였다. 예컨대 '시간은 돈이다.'라는 직접 은유 외에도 '우리는 시간을 낭비해서는 안 된다.' 같은 간접 은유의 경우도 시간을 이해함에 있어 돈이라는 관점에서 표현하고 생각한 것이다. 학습도 이러한 은유를 통해 이해할 수 있다.

스파드(Sfard, 1998)는 학습을 이해하는 두 가지 지배적인 은유로 '습득'과 '참여'를 제시하였다. 학습의 사전적 정의가 습득 은유를 반영하고 있을 정도로 습득 은유는 그 역사가 매우 오래되었고, 참여 은유는 상대적으로 '교육공동체', '교육자치' 같은 개념의 등장과 더불어 최근에 주목받고 있는 개념이다. 습득 은유는 개인적 지식 습득과 성취를 중

---

38 평생학습 사회란 오늘날 일을 하거나 여가를 즐기면서도 학습하는 사회를 일컬으며, 누구에게나 평생학습의 기회를 보장해 주는 사회, 사회 전체가 평생교육의 장(場)이 될 수 있는 사회를 말한다. 평생학습 사회에서의 교육은 개인과 집단의 질적 성장을 통한 사회 발전을 지향한다.

요시하는 반면, 참여 은유는 공동체 형성이 목표가 되고, 그 공동체의 형성에 기여하는 실천·참여·소통 등이 중요한 가치가 된다. 더 나아가 학습은 '창조'의 은유라고 할 수 있다. 이 과정을 통해 학습은 개인과 집단에 맞게 재구성되고, 학습활동의 결과로 이전에 없었던 새로운 것이 지속적으로 등장하면서 성장하게 된다. 결국 창조 은유는 인류 발전의 동력이 학습활동이라는 것을 증명해 주고 있으며, 우리 교육의 지향점을 말해 주는 것이다.

또한 우리는 이제 저출산·고령화 사회로 진입하였고 100세 시대를 살아가고 있다. 따라서 누구나 제2의 인생, 제3의 인생을 설계해야 하기에 학교교육뿐만 아니라 생을 마감할 때까지 평생학습은 삶의 핵심 가치가 되어야 한다. 그러므로 고교학점제를 단순히 학교교육의 문제점을 개선하기 위한 정책으로 접근해서는 안 될 것이며, 평생학습 사회와 연결하여 학습의 횡적·종적 결합의 기제, 학교자치의 실현 기제로 이해할 필요가 있다.

2. 기초학력의 의미 : 공교육의 새로운 지향점

국어사전에는 기초학력을 '읽기, 쓰기, 셈하기 따위와 같이 여러 교과를 터득하기 위하여 학습의 초기 단계에 습득이 요구되는 기초적인 능력'이라고 정의되어 있다. 반면, 기초직업능력 혹은 직업기초능력은 직무를 수행하는 데 필요한 기본적이고 공통적인 직업 능력으로, 직무를 수행하는 데 기초가 되는 인지적·정의적·심체적 능력을 모두 포함하는 개념으로 정의하고 있다. 주로 읽기, 쓰기, 말하기, 산술, 커뮤니케이션 능력 등 직무 수행을 위해 기본적으로 갖추어야 할 능력으로, 기초학력보다는 넓은 개념이라고 볼 수 있다.

최근 우리 교육계는 기초학력 부재와 기초학력의 개념에 대한 논의가 뜨겁다. 앞에서 살펴보았듯이 기초학력은 읽기, 쓰기, 셈하기 따위의 학습 초기 단계의 기초적인 능력으로 그 이상의 의미를 갖지 않는다. 기초학력 부재는 누적된 학습 결손의 결과[39]이고, 그 시작점은 가정과 초등학교로 볼 수 있다. 따라서 학생의 기초학력 부재에 대한 책임은 가정교육과 초등교육의 미흡에서 찾아야 함이 마땅할 것이다.

문제는 기초학력 부재가 사회 구성원으로서 삶을 영위하는 데 심각한 문제를 야기할 수 있다는 것이다. 따라서 기초학력의 보장을 공교육의 새로운 지향점으로 삼아야 할 필요가 있다. 특히 한 사람의 일생에서 일(work)이 갖는 가치가 매우 중요한 만큼 단순히 기초학력의 보장보다는 기초직업능력(직업기초능력)의 보장을 공교육의 지향점으로 제시하기를 희망한다. 그동안 우리 교육은 기초학력에 대한 보장과 책임 없이 초등학교·중학교·고등학교 등 교육과정에서 과도한 학습목표와 획일화된 교육 내용을 제시하면서 모두에게 학습을 강요하였으며, 이를 수행하지 못하는 학생들에게 차별과 냉대를 일삼은 것은 또 다른 의미의 아동 학

---

39 김태은(2019)은 기초학력 부재의 원인을 세 가지로 제시하였다. 첫째는 제대로 학습해 본 적인 없다는 점, 둘째는 천천히 배울 수 있는 시간이 부족하다는 점, 셋째는 들여다보는 사람이 없다는 점이다.

대이고 인권 탄압으로 이해할 수도 있다. 고교학점제를 통해 학교자치를 온전히 실행하기 위해서는 국가 책임교육으로서 우선 기초학력 부재 문제를 해결해야 한다.

학교자치가 온전히 실행되기 위해 필요한 두 가지 중요한 요소는, 단위학교의 교육과정 편성권과 학교 구성원의 교육 역량이라고 할 수 있다. 후자의 경우 교사의 교육 역량과 더불어 학생의 학습 역량, 진로 역량 등이 해당된다. 기초학력이 부족하다면 진정한 의미의 학교자치를 기대하기 어렵다.

3. 교육 생태계의 의미 : 우리 교육의 시대적 사명

생태계란 특정 환경에 살아가는 생물군과 그들에게 영향을 주는 모든 요건을 망라한 복합 체계를 지칭하는 생물학적 용어이다. 최근 사회 용어로도 쓰이고 있는데, 대표적인 것이 교육 생태계이다. 즉 교육 생태계는 건강한 교육 환경을 유지하기 위해 다양한 개체가 상호 균형을 유지하고, 제한된 교육 지원을 적극 활용하는 진정한 공생(共生) 관계의 확립을 전제로 한다.

2018년 신설된 대통령 직속 국가교육회의는 국가교육위원회의 출범이라는 과제와 함께, 교육 거버넌스 구축을 통한 교육 생태계 복원을 우리 교육이 해결해야 할 과제로 설정하였다. 이는 지역균형발전, 지역의 고른 성장과 연동되어 지역의 교육 및 일자리 활성화와 관계 깊은 개념이고, 학교자치와 직접적으로 연결되는 개념이다. 즉 교육 생태계 구축은 교육과 관련된 다양한 이해관계자 집단의 협력 체계인 교육 거버넌스를 구축하여 개인과 집단 간 공생관계를 확립하는 것이라고 말할 수 있다. 이는 우리 교육이 정책적으로 지향해 온 혁신교육, 혁신교육지구, 마을교육공동체 등의 정책과 맥을 같이하며, 비단 학교교육만을 의미하지 않는다.

고교학점제는 기존 학교의 틀 안에서 온전히 실행될 수 없는 것처럼, 학교자치 역시 학교의 틀 안에서 온전히 실행될 수 없다. 학교자치는 지역사회의 협력과 개방을 핵심으로 하는 만큼, 교육 생태계의 구축과 함께 그 연결선상에서 추진되어야 한다.

고교학점제 정책의 진단

2018년 고교학점제 연구학교를 시작으로 논의된 정부와 연구소의 정책 보고서 결과와 현장 의견을 종합하여 고교학점제를 진단하면 크게 철학·비전·공감대의 부재, 실행 주체의 한계, 법령과 교육과정의 정비 미흡 등을 제시할 수 있다.

1. 철학·비전·공감대의 부재

고교학점제는 학생의 진로와 관련된 과목 선택권을 부여하고, 이를 이수케 하는 제도임에도 불구하고 교사는 단순히 수업과 업무가 늘어날 것으로 치부하고 곧 사라질 교육정책의 하나로 인식한다. 그래서 상당수 고등학교에서는 실질적인 교육과정 개편, 학생 과목 선택권 부여, 미이수 제도 운영 없이 방과 후 수업의 추가 개설 형태로 운영하고 있다. 특히 학교자치의 중요한 부분인 지역사회에 존재하는 교육기관과의 연계를 시도하지 못하고 있는 실정이다. 이는 고교학점제에 대한 철학·비전·공감대의 부재와 고교학점제와 학교자치의 연계 지점에 대한 이해 부족에서 기인한 것이다.

2. 실행 주체의 한계

고교학점제는 고교 체제 개편, 교육과정의 혁신과 관련된 정책임에도 다른 교육정책과 동일하게 단위학교에서는 부장교사와 업무 담당교사에게 모든 부담과 책임을 부과하였다. 학교의 모든 구성원이 전사적으로 학생 진로지도와 상담을 하고, 과목 선택권을 부여하면서 적극적으로 실행해야 함에도 실행 주체는 여전히 수업과 평가를 병행하고 있는 업무 담당교사라는 점은 정책의 한계를 내포하고 있다. 이를 학교자치와 연계하여 해결할 필요성이 크다.

3. 법령 및 교육과정 정비의 미흡

현행 법령인 「교육기본법」, 「초·중등교육법」, 「초·중등교육법 시행령」 등 교육 관련 법령과 2015 개정 교육과정 속에 고교학점제라는 개념 정의가 존재하지 않는다. 그런데 2020년 직업계 고등학교의 한 유형인 마이스터고(산업맞춤형 고등학교)에 고교학점제를 전면 도입·적용하기로 정책 발표를 진행하였다. 정책 추진을 위해 우선 수반되어야 할 법령 개정 추진과 교육과정 개정이 후순위로 밀리다 보니 교육 현장에서는 소멸하게 될 교육정책으로 인지하게 되었다.

고교학점제의 개선 과제

학교자치의 중요 기제인 고교학점제를 안정적으로 실현하기 위해 우리는 무엇을 해야 할까? 그 과제를 제시해 본다.

첫째, 교육철학의 재정립이 필요하다.

철학은 인간과 세계에 대한 근본 원리와 삶의 본질 등을 연구하는 학문이다. 따라서 교육철학은 교육의 원리와 본질을 따져 보는 학문이다. 그동안 우리 교육은 대학 입시라는 경쟁의 틀 안에서 지식의 습득을 강요해 왔으며, 수업의 중심은 소수인 우수 학생들에게 맞추어 대다수의 학생들을 방치해 왔고, 선택권이 없는 획일적인 과목의 학습을 강요해 온 것이 사실이다.

학습의 습득 은유, 참여 은유, 창조 은유가 공교육에서 고르게 실현될 수 있도록 교육철학을 새롭게 정립하고, 한 개인의 생애와 진로에 토대를 두어 기초학력, 직업기초능력의 보장을 공교육의 지향점으로 제시할 필요가 있다. 특히 고교학점제는 학교 자원만으로 정책을 감당해 낼 수 없는 만큼, 자율적 교육과정 구성 등 진정한 학교자치를 실행하여 학교와 지역사회가 협력하고 참여하는 새로운 교육 모형을 정립해야 한다.

둘째, 교사 측면에서 진로직업 역량 함양, 교사 표준수업 시수제 도입, 담임제의 개편이 필요하다.

고교학점제의 중요한 축은 학교자치이고, 학교자치의 핵심은 교육과정의 자치라고 말할 수 있다. 교육과정 자율 편성 권한이 부여될 때, 단위학교는 이를 편성·운영할 역량이 필요하다. 특히 전 교사가 미래사회의 변화와 연동하여 학생들에게 진로지도할 수 있는 진로직업 지도 역량이 매우 중요하다. 그런데 대다수 교사는 교대나 사대, 교직이수를 통해 교직에 입문하여 진로직업 지도 역량이 상당히 부족한 편이다. 특히 단위학교에서 중요한 역할을 해야 할 진로진학 담당교사는 진로(진로는 진학과 취업을 포함하는 개념)보다는 진학에 초점을 두어 학생들을 지도하고 있어 안타까움이 매우 크다. 따라서 교사 양성 단계에서부터 임용·연수에 이르기까지 진로직업 지도 역량의 함양이 적극적으로 필요하다.

또한 고교학점제 성공의 핵심은 단위학교에서 다양한 과목을 개설하고, 동시에 수업의 질(質)을 담보하는 것이라고 판단된다. 고교학점제가 시행될 경우 한 명의 교사가 감당해야 할 교과는 늘어날 것이고, 현행 체제에서는 담당할 수업 시수도 증가할 수 있는데, 이는 수업의 질을 크게 하락시킬 우려가 있다. 따라서 그동안 여러 번 도입을 검토했던 교사 표준시수제 도입을 적극 고려해야 한다. 이를 통해 다양한 과목을 개설하고, 더 많은 수업시수를 감당하는 교사에 대한 충분한 인센티브를 제공해야 한다.

마지막으로 담임제에 대한 개편이 필요하다. 사회가 변화함에 따라 담임의 책임은 크게 증가한 반면, 권한은 크게 축소되었다. 이는 학년 초 업무 분장 시 담임을 기피하는 일이 속출하고, 교사 간 갈등을 촉발하고 있다. 지금처럼 학급이라는 공간 중심의 담임제에서 탈피하여 학교자치에 기반을 둔 담임제로의 변화가 필요하다.

셋째, 학생·학부모 측면에서 진로성숙도 제고가 필요하다.

학생과 학부모는 고교학점제에 대해서 절대 다수가 원하면서도, 대입 관련 내신에 대한 우려가 있어 진로에 대한 고려보다는 내신에 유리한 과목을 선택하게 된다고 지적하였다. 현행 교육과정에서 진로 선택 교과가 극히 제한되어 있음에도 이를 대입과 연동하여 유·불리를 따지는 것은 학생과 학부모의 진로성숙도 부재에서 야기된다고 볼 수 있다.

따라서 학생과 학부모의 진로성숙도 제고를 위해 학생뿐만 아니라 학부모를 대상으로 진로상담을 강화하고, 정책 홍보 또한 강화할 필요가 있다. 또한 학생들과 과목 선택에 앞서 충분히 상담하고, 선택 이후에는 학생 스스로가 책임감을 갖도록 제반 학교 규정을 마련하여 선택과 책임이라는 교육적 가치를 학교자치와 연계하여 지도할 필요가 있다.

넷째, 교육과정 측면에서 단위학교 교육과정 편성에 대한 자율성 부여를 적극 고려해야 한다.

고교학점제는 단위학교 교육과정과 연동되는 개념으로 학교자치와 긴밀한 관계가 있다. 따라서 지역 여건과 교사·학생·학부모 등 학교 여건이 상이한 만큼 단위학교 교육과정 편성에 대한 자율성을 부여하여 지역사회와 연계된 독특한 단위학교 교육과정이 운영될 수 있는 제반 환경 조성이 필요하다.

다섯째, 교육행정 측면에서 대학 교육행정 지원 수준의 교육행정 역할에 대한 혁신이 필요하다.

대다수의 교사가 학생의 진로에 따른 과목의 선택권 부여라는 고교학점제의 취지에 공감하면서도 왜 도입을 주저하고 있으며, 학교의 노동환경에 대한 우려를 제기하는 것일까? 그것은 모든 교육 기획을 교사가 전담하여 실행하기 때문이다. 필자는 대학에서 겸임교수와 시간강사 생활을 하면서 늘 느끼는 것이 있다. 강의와 관련하여 교수 설계를 할 때는 해당 학과의 교수와 논의를 하지만, 이후 강의실 배정, 수강 신청 과정, 수업 실행, 평가, 평가물 제출, 성적 부여 등 일련의 절차는 대학 행정팀에서 전담하여 지원한다. 그런데 왜 학교 행정조직은 인사·급여·예산 등의 업무 외에 교육과정·수업과 관련된 행사 및 업무를 담당하지 않는 것일까? 학교 현장에서 행정조직이 존재하는 이유와 궁극적으로 추구하는 목적이 무엇인지 묻고 싶다.

고교학점제와 학교자치의 실현을 시작으로 학교 행정조직은 대학 교육행정 지원 수준을 능가하는 역할과 책무성을 가질 필요가 있다. 교육 혁신을 이야기할 때 왜 교육행정 혁신은 늘 뒤로 빠져 있고 교사 혁신만 이야기하는 것인지 안타까운 마음이다. 만약 교육행정조직을 학교자치의 동반자로 끌어들일 수 없다면, 교사의 일부는 교육과정 편성·기획에 전담할 수 있도록 인사제도를 개편해 줄 것을 현실적인 방안으로 제안한다. 상당수 교사가 수업과 평가가 부담되어 진로진학 교사를 선택하고, 장학사·교감·교장 등 관리자로의 전진과 승진을 선택하고 있다. 심지어 정년퇴직 대신 명예퇴직을 선택하고 있는 엄연한 교육 현실을 직시하고 그 해결 방안을 강구해야 한다.

여섯째, 교육 거버넌스 측면에서 지역자치, 교육자치와 정책적으로 연결하고, 평생학습 체제와의 결합을 수반해야 한다.

국가교육회의는 그동안 교육 거버넌스 구축을 통한 지역의 교육 생태계 형성을 주요 의제로 다루어 왔다. 올바른 교육 생태계가 형성되기 위해서는 우선 지방자치단체의 교육에 대한 관심과 지원이 절실히 필요하다. 오산·성남·시흥 등 기초자치단체의 사례를 살펴보면 기초자치단체가 학교교육에 예산, 교육 프로그램, 인력 등을 적극적으로 투입하고 지원하여 학교자치의 토대를 마련하였다.

앞서 이야기한 바와 같이 고교학점제는 학생의 다양한 진로에 따라 다양한 과목을 선택·이수하고, 누적 학점이 기준에 도달할 경우 졸업을 인정받는 교육과정 이수·운영제도인 만큼, 이를 단위학교의 교사와 시설만으로 감당해 낼 수 없다. 학교자치의 실현과 함께 지역사회의 많은 도움을 받아야 성공할 수 있다. 특히 서울·경기·세종 등 교육 인프라가 비교적 잘 갖추어진 곳은 공동 교육과정 운영이나 학교 밖 연계 학점제 운영이 비교적 수월하지만, 지방의 소도시나 농산어촌의 경우 학교 밖 교육 시설의 부족, 강사 섭외의 어려움 등 많은 문제점이 존재한다. 이를 위해 학교와 지역사회가 서로 돕는 관계가 정립될 수 있도록, 학교 역시 교육 프로그램, 시설과 공간을 지역사회와 공유할 필요가 있다. 즉 교육 거버넌스 구축은 학교자치의 시작점이자 종착점이다.

일곱째, 국가교육위원회의 출범과 주도적 역할이 요구된다.

고교학점제는 학교자치, 단위학교 교육과정 편성에 대한 자율권과 연계되는 개념이다. 이는 교육 내 여러 이해관계의 갈등을 유발할 수 있어 조정과 통합이 필요하다. 그동안 우리 교육은 교육과정을 개편할 때마다 대학의 교수와 교과 단체의 압력에 따라 시대정신과 요구를 거슬러 교육과정의 부피를 줄이지 못했다. 고교학점제를 통해 학생들이 진로에 맞춘 교육과정을 설계하고, 선택 가능한 폭넓은 교과를 부여할 수 있도록 사회적 합의에 근거한 주도적이고 주체적인 역할이 필요할 것으로 사료된다. 이 역할의 수행을 국가교육위원회가 해야 할 것이다.

맺으며

고교학점제는 단순한 교육정책이 아니다. 고교학점제는 급격한 사회 변화에 대응하는 고교 체제 개편의 큰 틀로 이해해야 할 것이다. 또한 그 핵심은 학생 개개인에 대한 생애진로 직업교육에 기초한 단위학교 교육과정 자율성의 부여와 실행이다. 고교학점제는 바로 학교자치와 직접 결부된다.

그동안 우리 교육은 학생들의 다양한 소질과 적성을 고려한 생애진로 직업교육보다는, 획일적인 교육과정에 기반을 두고 소수의 상위권 학생을 위한 대학 입시 중심으로 운영되어 왔다. 이로 인해 심각한 사회적 부작용도 초래하였다. 대다수 학생들의 자기주도성 및 자존감 상실, 기초학력의 심각한 부재, 100세 시대 진로에 대한 고민과 상담 부재, 학교생활에 대한 만족감 및 행복감의 상실 등이 그것이다. 또한 지역사회와 연결된 특색 있는 교육과정을 운영하지 못하고, 공급자 중심의 획일적인 교육과정을 운영했다. 더 나아가 시대적 가치인 선택, 책임의 가치를 공교육에서 외면했으며, 학생 인권 문제까지 야기하였다.

고교학점제를 단위학교에서 실행하기 위해서는 교육과정, 교사 역량, 학생 진로성숙도, 시설과 공간 등 풀어야 할 문제들이 산적해 있다. 하지만 이와 병행하여 교육자치 시대에 학습과 기초학력에 대한 정의를 새롭게 하는 사회적 공감과 합의도 필요하다. 특히 교육철학과 시대 가치를 외면한 채 모든 문제를 학교의 틀 안에서 해결하고 실행하려 해서는 안 될 것이며, 반드시 학교자치와 연계하여 지역의 모든 구성원과 함께 해결 방안을 모색해야 할 것이다.

고교학점제는 더 넓은 비전과 안목을 갖고 학교자치의 실현, 지역 교육 생태계의 구축과 연계된 관점에서 해결 방안을 찾아야 할 것이다. 또한 향후 이 정책은 장기적인 로드맵을 갖고 실행해 나갈 수 있도록 국가교육위원회에서 주도적인 역할을 수행해야 한다.

학교 체제 개편인 고교학점제를 통해 학생이 선택할 수 있는 특색 있는 학교 교육과정을 구성하고, 그 교육과정의 실현을 위해 지역사회의 모든 구성원이 협력하고 각자의 역량을 함양해 나가는 온전한 모습의 아름다운 학교자치를 꿈꿔 본다.

3부

학교의 주인은 누구인가?

– 학교자치의 핵심 주체들

학생 시민이 만들어 가는
학교자치

학교자치와 학생은 어떤 관계가 있으며, 학교자치를 구현하는 과정에서 학생의 역할은 무엇일까? 우리 사회에서 학생은 여전히 미성숙한 존재로 인식되고 있는 상황에서 학생 시민이 만들어 갈 학교자치의 모습을 생각해 본다.

학생회의 법제화를 꿈꾸며

학생자치의 담론은 꾸준히 제기되어 왔지만, 자치활동이 잘 이루어지는 일부 학교를 제외하고는 학생자치에 대한 효능감을 느끼지 못하는 상황이다.

현행법상 학교의 학생회는 법적 기구가 아니다. 「초·중등교육법」 제 17조에는 "학생의 자치활동은 권장·보호되며, 그 조직과 운영에 관한 기본적인 사항은 학칙으로 정한다."고 규정되어 있을 뿐이다. 학생이 학교 안에서 교육 주체로 서기 위해서는 학생회의 법제화가 필요하다. 학생회를 법에 명시하고 법적 기구화함으로써 다양한 발전 방안을 모색할 수 있기 때문이다.

학교 내부의 자치는 학교장에게 집중된 학교 운영 권한 아래에서 한계를 노출한다. 학생의 자치활동은 학교장이 어떤 철학을 가지고 있느냐에 따라서 권장·보호하지 않아도 아무런 문제가 생기지 않는 구조이다. 현재 학생들의 자치활동이 이루어지기 위해서는 학교장의 수용이 필수적인 상황에서, 학생들의 목소리를 모아 내는 것을 법적인 의사결정 기구의 목소리로 보느냐, 교육활동의 일환으로 보느냐의 차이는 상당히 크다고 할 수 있다.

이에 「초·중등교육법」 제17조를 개정하여 초·중·고의 학생회 설치를 명시하여 학생회를 법적 기구화할 필요가 있다. 학생 대표 등이 학교장과 학교운영위원회에 의견을 제시할 권리를 부여하고, 학교장의 적극적인 청취·수렴을 명시해야 한다. 아울러 교육감·학교장이 학생회에 행정적·재정적 지원을 의무화하는 내용을 담아야 한다.

현재는 각 지역과 학교별로 학생회 예산과 공간을 마련하는 부분에서 온도차가 크게 나타나고 있다. 서울·광주·경기·충남·전북 등 5개의 시·도 교육청 정도만 학생인권, 학생자치, 학교자치 관련 조례로 학생의 자치활동을 구체적으로 보장하고 있는 현실이다. 또한 각 시·도 교육청에서는 학생자치 활성화를 위한 다양한 정책을 펼쳐 가고 있는데, 해당 예산 대부분을 교육부 특별교부금에 의존하고 있는 실정으로 각 시·도 교육청 차원에서 학생자치 활성화를 위한 본예산을 편성하는 곳은 손에 꼽을 정도로 많지 않다. 교육감의 성향, 지역 의회의 정치 지형에 따라 학생회 지원을 위한 예산 편성이 어려운 시·도도 있다. 어떤 시·도에서는 교육청이 요구한 각 학교의 학생회 지원 예산을 정치적인 이유로 지역 의회에서 전액 삭감하기도 했다. 이런 상황에서 해당 법률이 학교자치를 촉진하는 역할을 하도록 정비되어야 할 것이며, 법 개정 과정에서 이를 위한 구성원의 의견을 모으는 것이 중요하다.

학생의 학교운영위원회 참여

교육기본법 제5조(교육의 자주성 등) ②학교 운영의 자율성은 존중되며, 교직원·학생·학부모 및 지역주민 등은 법령으로 정하는 바에 따라 학교 운영에 참여할 수 있다.

「교육기본법」 제5조는 학교자치를 위한 최소한의 법적 근거라 할 수 있다. 이는 학교운영위원회의 설치로 이어졌는데, 학교자치를 위해 본래의 기능을 되찾아야 할 것 중 하나가 바로 학교운영위원회이다. 학교운영위원회는 도입 취지와 다르게 학교의 자율성과 구성원의 주체성을 이끌어 내지 못하고 있다. 학교운영위원회에 대한 구성원의 낮은 관심으로 학교운영위원회는 법적인 최소한의 의무만 하고 있을 뿐이다. 학교운영위원회는 학생회, 교사회, 학부모회 등 각 교육 주체의 대표기구와 연대하지 못한 채 그들만의 리그로 전락해 버렸다. 운영위원은 학년 초 형식적인 선출 과정에서 무투표로 당선되는 경우가 많으며, 학교장의 의견에 단순히 동조하는 역할 혹은 반대로 전문성 없이 사익을 위해 학교 교육활동을 어렵게 하는 일부 사례도 심심치 않게 나타나고 있다. 개인의 정치적인 이유 때문에 학교운영위원회 위원을 발판으로 삼는 경우도 많다.

학교에서 공식적으로나마 학교장이 대표가 아닌 몇 안 되는 조직이 바로 학교운영위원회이기에 그 역할은 더욱 중요하다. 그런데 학교의 최대 구성원이자 학교의 주인이라고 일컬어지는 학생들이 학교운영위원회의 위원이 될 수 없는 것은 아이러니한 상황이다. 지난여름에 개최된 대한민국어린이국회 행사에서 초등학교 6학년 학생이 제안한 법률안이 대상을 받았는데, 그 내용이 바로 학교운영위원회 등 학교 의사결정 과정에 학생 참여 의무화와 관련된 것이었다.

2017년 12월에 개정된 「초·중등교육법 시행령」 제59조의 4(의견 수렴 등)는 다음과 같다.

② 국·공립학교에 두는 운영위원회는 다음 각 호의 어느 하나에 해당하는 사항을 심의하기 위하여 필요하다고 인정하는 경우 학생 대표 등을 회의에 참석하게 하여 의견을 들을 수 있다.
1. 법 제32조 제1호, 제6호 또는 제10호에 해당하는 사항
(1호) 학교 헌장과 학칙의 제정 또는 개정
(6호) 정규 학습 시간 종료 후 또는 방학 기간 중의 교육활동 및 수련활동
(10호) 학교 급식
2. 그 밖에 학생의 학교생활에 밀접하게 관련된 사항
③ 국·공립학교에 두는 운영위원회는 국립학교의 경우에는 학칙으로, 공립학교의 경우에는 시·도의 조례로 정하는 바에 따라 학생 대표가 학생의 학교생활에 관련된 사항에 관하여 학생들의 의견을 수렴하여 운영위원회에 제안하게 할 수 있다.

「초·중등교육법 시행령」에 근거하여 현재 학생 대표가 학교운영위원회에 연 1회 이상 참여한 경험이 있는 학교는 2019년 기준 2,900여 개교로 전체 학교의 약 25% 정도이다. 구체적인 참여 방법을 살펴보면 단순 회의 참관이 70%, 의견 제출이 17%, 안건 제안이 6%, 기타 27%를 이루고 있다.[1] 법령상 보장된 학생의 권한임에도 불구하고 아직 대다수의 학교가 이런 내용이 있는지 모르는 경우가 많고, 알고 있더라도 실질적으로 이를 활용하지 않고 있다. 학생 대표의 학교운영위원회 참여를 보장하는 학교에서조차도 대부분이 회의 참관 수준에 머무르고 있으며, 학생 대표 등이 적극적으로 의견을 개진하거나 안건을 제안하는 경우는 많지 않다. 이마저도 연 1~2회 정도의 이벤트성에 그치고 있다.

---

[1] 중복 포함.

구체적으로 학생들은 학교운영위원회에 어떻게 참여하여 의견을 개진할 수 있을까? 학교는 학교운영위원회가 열리기 전 학생회에 주요 안건을 송부한다. 학생회는 논의를 통해 안건에 대한 학생들의 의견을 수렴한다. 그 외에도 학생들이 제안할 안건을 모으기도 한다. 학교운영위원회에 참여한 후에는 회의 결과를 학교 내 게시판 등을 통해 공유하고, 추가적인 학생 의견을 수렴하여 학교장과의 간담회 등을 실시할 수 있다.

학교운영위원회 분위기가 딱딱하다 보니 말을 하기가 쉽지 않아요. 선생님이나 학부모님 등 어른들의 의견과 저희 의견이 다를 때도 학부모님 수도 많고 의견이 강해서 설득하는 것이 만만치 않아요. 하지만 학교를 운영하는 공식적인 회의에 학생, 학부모, 선생님이 함께 모여 있다는 것은 의미가 있죠. 학교운영위원회에 학생 대표가 참여한다는 것은 전반적인 학교 운영이 학생들에게 공개된다는 것이고, 우리 학교가 투명하게 운영되고 있다는 것이 증명되는 것이잖아요.

― 고등학생 A

학교운영위원회는 교사에게도 어려운 자리입니다. 그래서 학생회 학생들이 학교운영위원회에서 의견을 낼 수 있도록 사전에 의견을 수렴하는 방법, 설문지를 만드는 방법, 제안서를 써 보는 활동 등을 정규 교육과정 안에서 배울 수 있도록 지도하고 있습니다.

― 고등학교 교사 A

저희는 정기적으로 학생들과 교장선생님의 간담회를 갖고 있어요. 이때는 학생회 임원뿐만 아니라 우리 학교 학생 누구나 참여 가능해요. 학생회는 전체 학생들의 의견을 잘 수렴해야 하는데, 평소 학급과 학년의 다양한 소리를 듣기 위해 노력해요. 일상적으로 학생 대상 설문 조사를 많이 해요. 그리고 학급 회의를 월 1회 금요일 수업 시간에 하고, 그다음 주 수요일은 대의원 회의, 대의원 회의 후에는 학생회 임원 회의와 학교장 간담회, 간담회 결과 공유까지 약 2주가 소요되는 시스템으로 돌아갑니다. 학생회 회의에는 학급에서 나온 의견들이 날 것 그대로 들어가요. 학생들의 건의사항을 학생회가 정리하는데, 뒤에 전체 의견을 첨부해요. 우리 반 이야기가 잘 반영되지 않을 경우 해당 학생 누구나 교장선생님과의 간담회에 참여할 수 있어요. 간담회 후에는 학교 내에 공고문을 붙여서 전교생이 그 결과를 알 수 있게 하고요. 그렇게 되면 내가 낸 의견의 결과를 2주 안에 받아 볼 수 있게 되지요.

– 고등학생 B

위 사례는 제한적이나마 심의 또는 자문[2]을 담당하는 학교의 중요 기구에 학생들이 참여할 수 있는 길을 열어 줌으로써 작은 변화를 만들어 가고 있다는 측면에서 긍정적이라 할 수 있다. 하지만 해당 조항이 의무

---

2 심의는 해당 사항에 대해 심의받을 의무가 생기는 것으로, 심의 결과와 다른 결정을 할 수는 있지만 이 경우 정치적 부담이 생긴다. 반면 자문은 특별한 규정이 없는 한 자문 내용의 수용 여부, 시기, 대상 등을 자문기구를 두는 사람이 정한다.

규정이 아닌 임의 규정이어서 구속력이 없고, 학교장의 재량에 달려 있다는 한계가 있다. 또한 사립학교 운영위원회는 자문기구로 실질적인 심의 기능이 없고, 위 시행령에도 적용되지 않기에 상당한 한계가 있다.

이를 위해 학생의 학교생활과 관련 있는 대표적인 영역에서 학생 대표 등의 학교운영위원회 참석을 의무화하고, 이를 사립학교까지 적용 범위를 넓히는 등 법령 개정이 필요하다. 학교운영위원회의 제 모습 찾기를 위한 제도적 장치 마련으로 학교자치를 이끌 수 있는 또 하나의 동력을 생산할 수 있을 것이다. 나아가 학교장의 중임 과정, 공모교장 선발 과정 및 중간 평가에 학생의 참여를 보장하고 학교 내 의사결정 과정에 학생 의견 반영 정도를 평가 항목으로 포함할 수도 있다.

학교자치를 촉진하는 학생자치 정책

학생자치 활성화를 위해서 그긴 다양한 정책과 활동이 이루어져 왔다. 2019년 기준 전국 시·도 교육청의 학생자치 활성화를 위한 대표적인 정책으로는, 학생회실 구축·운영 지원, 중심학교 운영을 통한 자치 사례 확산, 지역 학생자치 네트워크 운영, 교육청 주관 자치 행사, 학생 참여 예산제(학교 기본운영비의 일정액을 학생회 예산으로 배정하되 학생들이 예산 편성 과정에 참여 등), 지도교사 및 학생 대상 워크숍·연수, 우수사례 보급 및 자료 개발, 원탁 토론 및 교육감(장) 간담회 등이다.

이와 같은 정책들이 학교 현장에서 실효성을 거두기 위해 학생자치를 몸소 실천하고 연구하는 현장의 목소리에 귀 기울여야 한다.

학교장이 누구인지에 따라서 학생을 바라보는 관점이나 학생회의 의견을 중요하게 생각하는 정도가 많이 다르기 때문에, 학교장이 올바른 교육철학을 가지고 학교민주주의가 작동할 수 있도록 교장 임용 과정, 교장 연수 등이 중요합니다. 그리고 기본적으로 학생은 교육받는 대상이기 때문에 교사의 역할이 매우 중요합니다. 학생자치를 "너희들(학생)은 학교의 주인이니 학교를 깨끗하게 해야지, 쓰레기 주워야지." 정도로 보는 교사 의식 수준이 변하지 않으면 학생의 의식 변화도 이루어지지 않습니다.

- 중학교 교사 A

학생회 업무가 힘들어서 기피 업무이다 보니 기간제 교사가 맡는 경우가 많아요. 이럴 경우 학생자치를 추진하는 데 한계가 있어요. 학생들의 다양한 요구가 있고, 이를 위한 공론의 장을 만들어야 하는데, 자신의 신분도 불안한 지위에 있는 기간제 교사가 학생회를 견인하기가 쉽지 않죠. 기간제 교사가 무엇을 해 보고 싶어도 위에서 다 막히는 거죠.

- 중학교 교사 B

선생님의 영향력이 상당히 커요. 선생님이 어느 정도 방향 제시를 해 주셔야 학생들이 하고 싶은 마음도 생깁니다. 선생님이 의지가 있어야 학생들도 자율적으로 꾸준히 할 수 있는 것 같아요.

― 고등학생 C

위 교사들과 학생은 학생회 운영에 있어 학교장과 교사의 민주적인 시각과 역량이 중요함을 역설하고 있다. 또한 학생들의 자치활동을 지원하고 견인할 수 있는 담당교사 배정이 필요하다고 강조한다.

학급 회의가 실질적으로 이루어지지 않고 있습니다. 학생들은 학급 회의를 어떻게 해야 하는지, 즉 어떤 주제를 정하고 그 결과를 학생회에서 어떻게 공론화해야 하는지 잘 모릅니다. 대의원회의 역할은 무엇이고, 학교장과의 면담은 어떨 때 요구해야 하는지 어려워합니다. 대의원회는 본래 학생회에 대한 견제기구 역할을 해야 하지만, 현재는 학생회와 대의원회가 일원화되어 있는 현실입니다. 학급회장이 대의원이 되고, 대의원회에서 학급 회의에서 나온 이야기들을 논의하고 심의해야 합니다. 일종의 정부와 의회처럼 대의원회는 학생회를 견제하고, 공약을 제대로 실행하고 있는지 확인하는 것이죠. 이를 위해서는 학생들이 자치가 무엇인지, 우리가 왜 시민인지, 학생회의 가장 기본적인 동력은 학급이라는 것에 대한 배움의 과정이 필요합니다. 이를 방과 후에 남아서 하는 것이 아니라, 정규 교육과정에서 공식적인 시간을 보장해야 합니다.

― 중학교 교사 C

교육부와 교육청에서는 창의적 체험활동 등을 활용하여 최소 월 1시간 이상 학급 회의 등 학급 자치 시간을 배정하라고 하는데, 창의적 체험활동은 이미 포화 상태인지라 월 1회 이상 학급 자치 시간을 배정하라고 하면 모두 1회를 설정하여 형식 선에서 운영될 확률이 매우 큽니다. 교육부와 교육청에서는 우겨 넣기식으로 진행되고 있는 범교과 학습, 계기 교육 등의 요소들을 정비하여 학교에서 더 이상 의무적·형식적으로 하지 않아도 되는 것들을 안내하고, 그 빈 공간에 학교에서 자율적으로 실행할 수 있도록 해 주어야 합니다. 하지만 교육부와 교육청은 손을 놓고 있습니다. 현장의 고충을 외면하는 것이지요.

어려움이 있지만, 단위학교에서 실천할 수 있는 대안으로는 학생자치에 대한 연간 계획을 수립하고, 매월 정해진 날짜에(예 : 매월 1일, 매주 첫 번째 월요일, 관련 교과[국어·도덕·사회·창체 등] 및 마지막 주 중 하루 지정) 정기적·공식적·연계적 학급 자치가 이루어질 수 있도록 하는 것입니다. 이때 학생자치는 학교 문제를 해결하는 학생의 관점, 학생 역량, 학생의 참여 속에서 과정 지향적·협업적 민주성을 함양하는 데 목적을 두고, 최종적으로 결정된 사항이 학교에 공유되는 시스템까지 연결되도록 해야겠지요.

– 초등학교 교사 A

학생들은 자신이 학교의 주인이라는 말은 자주 듣지만, 실제로 주인 대우를 받고 있는지는 의문입니다. 예를 들어 학생회실을 살펴볼까요? 학생회실은 학생들이 편안하게 머무를 수 있는 공간으로 꾸며져야 합니다. 선생님들 연구실은 어떤가요? 컴퓨터, 프린터, 휴게 공간, 간식 등이 구비되어 있잖아요. 학생회실에도 이에 준하는 기구를 설치해 주고, 냉장고나 정수기 등도 갖추어야 합니다. 학생 대표를 비롯해 학생회 학생들은 직접민주주의를 통해 선출된 학생들입니다. 기본적으로 교직원, 학부모 대표와 동등한 위치라는 인식의 전환이 필요합니다. 그런 관점에서 학급 회의 시간을 다른 수업으로 대체할 경우 학교장과 교사는 학생회에 정중히 요청하는 것이 선행되어야 합니다.

- 중학교 교사 D

위 교사들은 실질적인 학생자치가 이루어지기 위해 학생 소양 교육이 필요하며, 무엇보다 학생회의 위상을 정립하고, 학생을 학교의 주인으로 생각하는 인식의 전환과 행정적·재정적 지원을 요청하고 있다. 교직원과 학생의 관계에서 학생을 바라볼 때 종속적인 대상으로 대하느냐, 시민 대 시민으로 생각하느냐의 출발점이 중요함을 강조하고 있다. 학생들을 먼 미래의 시민으로 바라볼 것이 아니라, 지금 학교 현장에서 시민의 삶을 살아갈 수 있게 해야 한다. 그것이 학교자치로 나아가는 데 필요한 학생자치 역량을 기르는 방법이다. 아울러 교육부와 교육청의 학급회 내실화를 위한 창의적 체험활동 시수 등에 대한 개선은 현장의 시급한 요청이다. 다음의 교사들과 학생은 조금 더 구체적인 실천 방안을 제안하고 있다.

학생들의 불만은 학교 예산에 대해 전혀 모른다는 것입니다. 학교에 학생회를 위한 예산이 얼마가 있는지, 어떻게 써야 하는지 알 길이 없습니다. 그저 선생님이 주면 받고, 맛있는 것 사 주면 고마워하고, 때로는 마치 구걸하듯 예산을 요청해야 하는 상황이죠. 학생들에게 관련 예산을 공유하고, 향후 예산 편성 시 학생회의 의견을 들어야 합니다.

－중학교 교사 E

급식소위원회, 체육소위원회, 교복선정위원회, 생활규정위원회[3] 등에 학생이 참여해야 하는데, 이때 위원 수를 교직원과 동수로 할 필요도 있습니다. 학생들이 먹고, 입고, 생활하는 기본적인 권리를 찾는 데 그들의 의견이 적극 반영되지 않는 것이 도리어 이상하지 않나요?

－중학교 교사 F

우리 학교 학생들은 학교준비물위원회에 참여해서 우리가 쓸 준비물을 직접 골라 재밌게 수업하고 있어요. 또 학교급식위원회에도 참여하고 있는데, 매일 마시는 흰 우유 대신 다른 맛 우유도 가끔 마실 수 있도록 건의했는데, 실제로 그렇게 바뀌어서 뿌듯해요.

－초등학생 A

---

3 위원회명은 지역, 학교마다 다를 수 있다.

학교에는 학생들과 관련된 행사, 대회, 교육 등에 대한 공문이 많이 내려와요. 그런데 학생들에게 제대로 전달되지 않습니다. 담당자가 필요하다고 판단하는 경우에만 제한적으로 제시될 뿐, 담당자가 귀찮다거나 혹은 바쁘다는 이유로 공문 접수만 하고 종결되는 경우가 많습니다. 학생과 관련된 공문은 학생들이 바로 받아 볼 수 있는 시스템을 만들어야 합니다. 학교 내 메신저에 '학생회' 그룹을 추가하여 학교 내 주요 사항들을 공유해야 합니다. 학생회 관계자는 회의실에 있는 컴퓨터로 해당 내용을 확인할 수 있고, 학생들과 관련된 공문이 오면 학생회에서 판단하여 참여·신청·홍보할 수 있도록 해야 합니다.

- 중학교 교사 G

학생 공간과 예산 정책을 추진하되, 특히 예산과 관련된 책무성 부분은 해당 교사가 관리하는 것이 바람직하다고 생각됩니다. 학생부장·자치부장·행정실장 등 3인 이상의 인원이 들어가 학생회 예산 정책에 대한 학생들의 관심과 참여를 높여 실질적인 자문기구가 되도록 시스템을 마련하는 것이 필요합니다.

- 초등학교 교사 B

물론 법·제도의 개선이 학생자치 활성화의 만능열쇠라고 보기는 어렵다. 이것만으로 학생자치와 학교 민주화를 견인할 수는 없을 것이다. 학교 현장에서 실효성을 갖기 위해서는 제도적인 측면과 문화적인 측면이 조화를 이루어야 한다. 법·제도는 문화적인 측면을 견인하고 지원하는 중요한 도구이며, 이와 더불어 현재 혁신학교, 민주학교 등에서 실천하고 있는 학생자치 사례의 확산과 공유가 필요하다.

최근에는 네트워크의 중요성이 강조되면서 시·도 교육청과 교육지원청의 학생자치 정책을 담당하는 장학사의 역할도 주목받고 있다. 장학사는 학생자치 기본계획을 세우고, 관련 행정업무를 처리하고, 해당 지역의 학생자치 네트워크를 구성하는 중심 역할을 담당해야 한다. 각 학교의 학생자치 역량을 파악하고, 학생 대표는 학교에서 어떤 역할을 해야 하는지 통합적인 관점에서 안내하고, 그들 안에 소통의 장을 마련하여 학생 대표가 어떤 역할을 해야 하는지 상호 배움을 통해 알아갈 수 있도록 이끌어야 한다.

교육청 차원에서 각 학교 학생 대표와 직통으로 소통할 수 있는 온라인 소통 창구를 만들 수도 있다. 장학사는 소속 기관의 장인 교육감, 교육장과 학생 대표 연합체와의 간담회 장을 마련하고, 학생들의 의견을 단위학교를 넘어 교육청의 정책 차원으로 반영할 수 있는 중요한 존재이다.

장학사의 대외업무 특성을 살려 시·군·구청 등과 협력하여 학생회와 지역사회의 연결고리를 찾고, 학생들의 정책 결정이 그들이 속한 지역사회에 녹아드는 구조를 설계할 수도 있다. 시·도 조례로 정하여 교육감이 지역 학생회 대표들과 연간 1회 이상의 정기적인 회의를 개최하여 의견을 청취하는 조항을 만들 수도 있다.

민주시민교육과 학생자치

학생자치에 있어 자율에는 자기 결정과 통제가 따르고, 권리에는 책임이 따른다는 의견이 많이 제기된다. 특히 학생자치가 활발하게 이루어지는 것 같으나 학생들 사이에 보여지는 학생회의 이면, 학생자치의 부정적인 민낯이 존재한다는 사실도 되짚어 볼 필요가 있다.

한 초등학교의 학생회에서 학교 운동장을 사용하는 문제를 두고 학생들이 회의를 하였다고 한다. 학교장은 학생들의 의견을 수용할 준비가 되어 있었다. 논의 결과는 어떻게 되었을까? 학교 운동장을 5, 6학년 중심으로 사용하는 것으로 결정되었다고 한다. 학생회의 다수를 이루는 고학년 학생들의 의견대로 결정이 난 것이다.

위의 사례에서 보듯 학생들의 의견을 학교 의사결정에 반영하는 과정에서 다소 좌충우돌하는 일이 일어날 수 있다. 무엇보다 학생들의 의사결정 과정을 사적 이익에서 공적 이익으로 전환시킬 수 있는 교육의 역할이 중요하다. 학생들이 민주시민으로서의 역할을 할 수 있도록 돕는 민주시민교육이 필요하다. 학생들의 시민성을 함양시키고 책임 있는 시민으로 기르고자 하는 것 말이다.

정책적으로는 2013년 경기도교육청에 민주시민교육과가 신설된 이래 몇몇 시·도 교육청에서 같은 과를 신설하였고, 2018년에는 교육부에도 민주시민교육과가 신설되었다. 2020년 기준 17개 시·도 교육청 중 민주시민교육 관련 부서 현황을 살펴보면 민주시민교육과가 12개, 학교자치과가 1개, 민주시민교육팀이 4개이다. 지방자치단체에서는 2014년 서울특별시가 민주시민교육에 관한 조례를 제정하였고, 2015년 경기도교육청이 학교 민주시민교육 진흥 조례를, 성남시도 기초단체로는 최초로 민주시민교육에 관한 조례를 제정하였다. 2019년 기준 260여 개 광역·기초자치단체 및 교육청 중 약 40여 곳이 민주시민 양성과 민주주의 발전을 목적으로 한 조례를 제정하였다.

[표 8-1] 교육부-시·도 교육청별 민주시민교육 소관 부서

구분	부서명	구분	부서명
교육부	민주시민교육과	경기	민주시민교육과
서울	민주시민생활교육과	강원	민주시민교육과
부산	교육혁신과 (민주시민교육팀)	충북	학교자치과
대구	생활문화과 (민주시민교육팀)	충남	민주시민교육과
인천	민주시민교육과	전북	민주시민교육과

광주	민주시민교육과	전남	민주시민생활교육과
대전	중등교육과 (민주시민교육팀)	경북	학생생활과 (민주시민교육팀)
울산	민주시민교육과	경남	민주시민교육과
세종	민주시민교육과	제주	민주시민교육과

교육부와 교육청 직제상 민주시민교육과가 존재한다는 것은 상징적인 의미가 있다. 부서가 있다고 만사가 해결되는 것은 아니지만, 기관의 특성상 직제, 전담 기구 없이는 일이 실행될 수 없다.「교육기본법」에 천명된 민주시민의 자질 함양이라는 우리 교육의 지향점을 정책적인 차원에서 중심에 둔다는 교육부 장관과 교육감의 의지라고 볼 수 있다. 시·도 교육청별 상황에 따라 해당 부서가 갖는 위상이나 수행 업무에는 차이가 있지만 점점 자리를 잡아 갈 것이라 기대한다.

교육부는 2018년 12월 민주시민교육 활성화를 위한 종합계획을 발표하였다. 중앙정부 차원에서 민주시민 양성을 목표로 하는 교육이념을 충실히 이행하겠다는 선언적 의미이자 정책 방향을 제시한 것이다. 이는「교육기본법」및「2015 개정 교육과정 총론」과 맥을 같이 한다.

교육기본법 제2조(교육 이념) 교육은 홍익인간의 이념 아래 모든 국민으로 하여금 인격을 도야하고 자주적 생활능력과 민주시민으로서 필요한 자질을 갖추게 함으로써 인간다운 삶을 영위하게 하고 민주 국가의 발전과 인류 공영의 이상을 실현하는 데에 이바지하게 함을 목적으로 한다.

교육기본법의 교육 이념과 교육 목적을 바탕으로, 2015 개정 교육과정이 추구하는 인간상은 다음과 같다.

가. 전인적 성장을 바탕으로 자아정체성을 확립하고 자신의 진로와 삶을 개척하는 자주적인 사람

나. 기초 능력의 바탕 위에 다양한 발상과 도전으로 새로운 것을 창출하는 창의적인 사람

다. 문화적 소양과 다원적 가치에 대한 이해를 바탕으로 인류 문화를 향유하고 발전시키는 교양 있는 사람

라. 공동체 의식을 가지고 세계와 소통하는 민주 시민으로서 배려와 나눔을 실천하는 더불어 사는 사람

이는 학생이 정당한 권리를 주장하고, 책임과 의무를 충실히 수행하는 시민으로의 자질을 함양하는 교육을 말하며, 이러한 활동이 학교 내에서 이루어질 때 학생자치 역량을 바람직한 방향으로 펼 수 있게 된다. 무엇보다 민주시민교육은 민주적인 학교 시스템 속에서 제대로 구현될 수 있다. 학생이라는 주체가 학교 의사결정에 실질적인 권한을 갖고 역

할을 하는 가운데 교직원, 학부모 등과 소통하고 연대할 때, 비로소 학교자치가 작동될 수 있는 것이다. 학생들은 대화와 토론으로 학급과 학교의 문제를 해결하고, 나아가 사회적인 이슈들을 파악하며, 참여를 통해 공공의 이익을 추구할 수 있다. "시민은 태어나는 것이 아니라 만들어지는 것이다."라는 말처럼, 학생자치는 시민으로서의 권리와 의무를 배워 가는 과정이다. 나아가 학생회 차원에서 학생생활과 관련된 자율 규제를 어떻게 마련하고 지켜 갈 것인지, 학생 구성원의 참여와 협력이 실행 과정에서 책임을 더 가져다줄 수 있는 방안은 무엇인지 고민해야 한다. 동시에 시행착오를 통해 손을 잡아 주고, 다시 일어서서 민주적인 실천을 배워 갈 수 있는 또 다른 기회로 삼아야 한다.

다만 일련의 논의들이 "학생이, 개인이 권리를 주장하려면 먼저 책임을 다해야 한다."라는 식의 단편적이 접근이 되어서는 곤란하다. 학생에게 "너는 학교 규칙도 안 지키면서 무슨 주장을 할 자격이 있어?"라는 식의 접근 말이다. 학생이 학교 구성원 중 최대 다수임에도 불구하고 학생의 정당한 권리를 많이 보장하거나, 학생회의 권한이 막강해서 학교장과 다른 자치기구의 권리를 침해받고 있다는 이야기는 들어 본 적이 없다. 여전히 학교의 힘은 한쪽으로 쏠려 있다. 교사들이 학교장의 민주적인 학교 운영을 요구하는 것처럼 학생도 교사의 민주적인 학급 운영, 수업과 평가의 민주성을 소리 없이 외치고 있는 것은 아닐까?

일련의 논의들을 바탕으로 책임 있는 자세로 소통하고 권리를 주장할

줄 아는 학생 시민이 민주주의의 철학과 가치가 스며드는 학교자치의
주인공이 되길 기대해 본다.

학부모와 학교자치

요즘 교육계에서 가장 많이 듣는 이야기는 단연 '학교자치'이다. 학부모 입장에서도 앞으로 학교에서 펼쳐질 학교자치에 대해 더 이상 모른 척할 수는 없다. 학부모와 지역사회 역시 교육 주체로 그 역할을 감당하기 때문이다.

교육의 한 주체로서 학교자치가 현재 어느 단계쯤 와 있는지, 현장에서 직접 겪었던 학교운영위원회와 학부모회 예산 관련 이야기를 통해 나누고자 한다. 또 학부모의 학교 참여 혹은 학교에 동원되는 봉사활동과 관련해서도 다뤄 보고자 한다. 나아가 학교자치를 위한 학부모회의 역할을 모색해 보고, 미래 지향적인 학교자치의 발전을 위한 학부모자치의 모델을 제시하고자 한다.

학부모회와 학교운영위원회

혁신학교는 우리 교육의 새로운 교육철학을 정립하고, 함께 배우며 성장하는 문화를 만들었지만, 모두가 주인인 민주적 학교공동체를 만들어 간다는 부분에서는 아직까지 동의할 수 없다. 특히 학부모와 시민단체 또는 지역 주민을 교육 주체로 인정하고 있는지, 이에 대해 학교가 동의하는지 의문이 들 때가 많다.

내가 어떤 공동체의 주인인지 아닌지의 기준은 공동체 사안의 근본에 접근해 있는가와 관련 있다. 다시 말해서 사안의 본질을 알기 위해서는 기초적인 정보를 비롯하여 일의 진행 과정에 대한 이해가 필수인데, 공동체의 주인으로서 정보를 요구할 때 정책의 훼방꾼쯤으로 치부되어 버리는 경우가 있다. 학부모, 시민단체, 지역 주민을 배제하며 무시해 버리는 일부 사례를 마주할 때는 화가 나고, 한편으로는 우습기까지 하다. 학교 혁신을 문서화하고 구호로도 외치고 있지만, 실제 현장의 모습은 제자리이거나 퇴보하고 있다. 모두가 주인인 세상을 바라고 있는지 의문이 든다.

학부모회는 학년 초 학부모 총회에서 민주적인 절차에 의해 임원을 선출하도록 되어 있다. 하지만 모든 학교가 그러한 것은 아니다. 일례로 중학교 신입생 학부모였던 필자는 학부모회 임원에 입후보하기 위해 신청서를 기다리고 있었다. 하지만 아무리 기다려도, 아이에게 물어봐도 입후보 안내가 오지 않았다. 학교 홈페이지에 들어가 학부모회 부분을 살펴보았더니 '학부모회 임원은 학부모회 대의원회에서 결정한다.'는 내용이 있었다. 어찌된 일일까? 초등학교 학부모회에서도 경험하지 못했고, 교육청에서 안내받은 내용과도 전혀 다른 상황이었다. 필자는 그 의사결정에 참여한 적이 없는데, 전임 학부모회에서 결정한 내용을 따라야 하는 것이 맞을까? 우선 학교에 문의 전화를 했고, 비교적 자세한 설명은 교장선생님으로부터 들을 수 있었다. 그런데 지금 생각해 보니 그 질문은 학부모회에 해야 했고, 학부모 대표에게서 답변을 들어야 하지 않았을까.

교장선생님의 설명에 의하면, 전년도에 학부모회는 소통의 문제가 심각했다고 한다. 학부모 간 파벌이 형성되어 학교 운영에 힘이 들었다는 것이다. 그래서 지금과 같은 방식으로 학부모회 임원을 구성했다고 한다. 그 설명이 사실이냐 아니냐를 떠나서 '민주적인 절차에 의해 선출한다.'는 대다수가 알고 있는 방식을 바꿔 가면서 마음 맞는 사람끼리 구성하는 임원진이 정당성을 가질 수 있다고 생각했던 것일까?

민주적인 절차에 의해 선출한다는 것은 후보자 입후보에서부터 경선까지의 전 과정을 포함한다. 후보자들은 다수의 학부모에게 검증을 받아야 하는데, 검증받는 과정에서 학부모들로 하여금 학교에 관심을 갖게 할 수 있다. 자신이 선택한 학부모 대표가 공약대로 학부모회를 운영하는지, 교원과 학생회의 목소리에 귀를 기울이고 논의하는지 지켜보는 것이다. 학부모들이 그 활동을 지켜보는 것은 공공성과 협치의 시각을 갖게 하는 중요한 요소가 된다. 이 과정은 학부모 입장에서 학교라는 공적인 영역에서 민주주의를 경험하는 도전의 시간이다.

학교에는 학교운영위원회도 있다. 경기도교육청 학교운영위원회 업무 편람에 따르면 다음과 같은 내용이 있다.

> 학교운영위원회는 학교 운영에 학부모, 교직원, 지역 인사가 참여함으로써 학교 정책 결정의 민주성 및 투명성을 확보하고, 지역 실정과 학교 특성에 맞는 다양한 교육을 창의적으로 실시할 수 있도록 심의 · 자문하는 기구이다.

학교운영위원회는 단위학교 차원의 자치기구로, 다양하고 개성 있는 교육을 꽃피울 수 있게 하는 제도적 장치이다. 하지만 학교 현장의 현실은 문서상의 아름다운 정의에 비해 턱없이 초라하고 잔인하기까지 하다. 학교운영위원회가 본래 취지를 제대로 살리지 못하는 이유를 이야기하는 것은 비난하기 위한 목적이 아니라, 운영위원 간(특히 교원위원과 학부모위원) 시각 차이가 있음을 인정하고, 그 간극을 좁혀 감으로써 학생들에게 보다 다양하고 질 높은 교육이 가능해지도록 하는 데 방점을 찍기 위해서다. 더불어 교사 · 학생 · 학부모의 성장을 견인해 내는 중추적인 역할을 해낼 수 있길 진심으로 바란다.

학교운영위원회가 열린다고 하면 적어도 안건은 무엇인지 들여다보고, 안건을 파악했다면 학부모위원은 다른 학부모들의 의견은 어떤지 충분히 듣고 수합해야 하며, 회의에 임해서는 개인의 의견이 아닌 대표성을 띤 의견 개진이 있어야 한다. 하지만 현실에서는 전혀 작동되지 않고 있다.

회의 문화의 경직성과 비체계성에 그 원인이 있다. 회의의 좌장이 교장인지 운영위원장인지 혼란스러울 때가 많다. 회의 진행은 운영위원장이 해야 하는데 안건에 따라서는 교장이 지나치게 개입하고 발언 시간을 독점하여 학부모위원과 교원위원을 불편하게 만드는 경우가 종종 있다. 또 운영위원장의 미숙한 회의 진행으로 어수선한 회의 분위기를 만들고, 안건에 집중할 수 없게 만들기도 한다.

학교운영위원회에서 심도 있는 논의가 이뤄지지 않는 것도 아쉬운 점이다. 회의에서 한마디도 하지 않거나, 안건에 대해 전혀 모르고 회의에 참석하기도 하고, 교장의 눈치를 보는 운영위원들이 있다. 학교에서 부탁하여 운영위원에 입후보하는 상황이 꽤 있는데, 이런 경우에는 운영위원 역할에 대한 이해가 부족하다.

학교 예산과 학부모회

경기도교육청 학부모회 핸드북을 보면 학부모회의 목적은 단위학교의 학부모들이 교육공동체의 일원으로 교육활동에 참여하여 학교교육 발전에 기여하는 것이라고 적혀 있다. 또한 학부모회의 기능을 다음과 같이 제시하고 있다.

1. 학교 운영에 대한 의견 제시 및 학교교육 모니터링
2. 학부모 자원봉사 등 학교 교육활동 참여·지원
3. 자녀 교육 역량 강화를 위한 교육
4. 그 밖의 학교 사업으로서 해당 학교 학부모회 규정으로 정하는 사업

하지만 위와 같은 내용이 학교 현장에서 얼마나 이루어지고 있는지 의문이다. 필자도 학부모회장을 경험하였지만, 딱 한 번 학교 측으로부터 다음 연도 학부모회 예산 편성은 어떻게 하면 되는지 의견을 달라는 얘기를 들었을 뿐이다. 3년여 학부모회 활동을 하면서 타 학교의 학부모회 실정을 보니 이건 해도 너무하다 싶은 부분이 많았다. 결정적이었던 건, 학부모회 활동 계획을 학교 담당자가 대신 해결해 주고 있는 것이었다. 학부모회의 역할이 중요해지고 위상이 높아지면서 학교에서 학부모회에 책정해야 하는 예산도 늘었고, 교육지원청의 공모사업을 보아도 수백만 원의 예산을 사용할 수 있게 되어 있다. 하지만 행정업무 처리 때문인지 학교는 쉽게 학부모회 예산을 반영하지 않고 있다.

학부모회장의 역할도 중요하다. 학부모회 예산이 얼마인지도 모르고, 심지어 관심조차 없는 학부모회장이 존재한다는 것은 부끄러운 일이다. 많은 예산을 줘도 어떻게 써야 할지 몰라서 학교 담당자가 양질의 연수

를 스스로 계획해서 학부모회에 통보하는 경우도 많다고 한다. 그러고
는 학부모 연수의 참여율이 저조하다고 아우성이다. 학부모 참여율이
저조하니 이른바 힐링 프로그램으로 학부모들의 입맛을 맞추려고 한다.
그러나 본질로 돌아가서 학교교육 발전에 기여한다는 분명한 목적을
가진 학부모 연수가 실시되어야 한다.

　'학부모회는 왜 필요한가?'라는 근본적인 질문에 대한 답을 찾아가는
과정이 있어야 비로소 학교자치는 학부모와 함께 갈 수 있다.

학부모가 겪는 자원봉사

'녹색어머니', '어머니폴리스', '책 읽어 주기', '급식 검수' 등의 학부모
자원봉사가 있다. 아이들 유치원 때부터 계산해 보면 꼬박 7년을 봉사
하는 것이다. 강요에 의한 활동은 아니었으나 결코 흔쾌히 움직였던 것
만은 아니었음을 고백한다. 어쩔 수 없이 참여해야만 했다. 아이들의 안
전을 위한 것이 대부분이었기 때문이다. 그런데 학기 초 일정을 수립하
고 활동할 인원을 확보해야 했던 담당 선생님도 고역이었을 것이다. 맞
벌이 가정이 많아지면서 학교에서 자원봉사 활동을 해 줄 학부모를 확
보하는 것이 쉽지 않기 때문이다.

　자원봉사는 사회 또는 공공의 이익을 위한 일을 자기 의지로 하는 것
을 말한다. 자원봉사에 임하는 사람은 다양한 형태로 보상을 얻는다. 보

람이나 경험 등의 정신적 보상부터 교통비·식사비·소정의 활동비 등을 제공받는 금전적 보상이 있다. 그 밖에도 취업 또는 진학에 도움이 되는 경력을 쌓기 위한 목적으로 자원봉사를 하기도 한다. 어떤 기준으로 자원봉사인지 그렇지 않은지를 나눌지에 대해서는 다양한 견해가 있다.[4]

　학부모의 학교 자원봉사는 '보람'이라는 정신적 보상을 얻을 수 있겠다. 학교에서의 자원봉사는 단연 아이들을 위한 활동이기 때문이다. 그런데 요즘 학부모의 참여가 저조해지고 있다. 아이들을 위하는 마음이 없어서 참여하지 않는 것일까? 우선 불편해서라고 생각한다. 열심히 참여했든, 그렇지 않았든 자원봉사를 하면서 만나게 되는 학교 선생님들이 불편하고, 함께하는 학부모끼리도 마냥 편안한 관계가 아니기 때문이다. 무엇보다 학교 교육활동에 학부모의 참여가 반드시 필요하다는 동기부여가 없는 것이 가장 큰 문제라고 생각한다. 교육 주체인 학부모가 각자의 역할을 감당할 때 학교교육이 보다 나은 방향과 지점으로 나아갈 수 있다는 확신이 없다는 것이다. 학교 운영에 대한 학부모의 무관심은 학교의 비전과 교육철학을 충분하게 공감하지 못하는 것과도 연관이 깊다. 학교자치의 시대, 이제 학부모는 자원봉사 이상의 것을 실천해야 한다.

4　위키백과.

정보 제공과 선택 그리고 학교자치

학교 내 교육 주체는 동등해야 한다. 이는 정보 접근성과도 연결된다. 학교 혁신과 자치는 누군가가 정보를 독점하고, 관계를 독점하며, 판단을 독점하는 관계에서는 결코 달성할 수 없는 화중지병(畫中之餅)이다.

　학교운영위원회와 수많은 각종 소위원회는 해마다 또는 사안별로 학교 운영에 있어서 중요한 결정을 심의하고 논의한다. 심의와 논의를 위해서는 동등하고 충분한 정보 제공이 필요하다. 예를 들어, 교장공모제를 원하는 학교의 경우 교원들은 관련 내용을 잘 알고 있기 때문에 미리 준비할 수 있지만, 학부모들은 심사숙고하기 위한 충분한 정보를 제공받고 있는지 생각해 보아야 한다. 아니, 그 전에 제공받아야 할 정보가 무엇인지 판단할 수는 있는지조차 의문이다.

　교육청에서 학교로 내려오는 공문은 담당자가 있다. 수많은 공문 중에서 학생·교사·학부모가 함께 논의하고 참여해야 하는 사안의 공문은 학생회와 학부모회가 학교 담당자로부터 전달받는 구조가 아니라 교육청으로부터 직접 전달받는 구조여야 한다. 사실 학교 현장에서는 학부모회 담당교사가 교육청 공문 중에서 선별적으로 안내하는 경우가 심심치 않게 발생하고 있기 때문이다. 뒤늦게 선별적 안내에 대해 문제를 제기하면 "학부모님들 바쁘시니까……." "연수 장소까지의 거리가 너무 멀어서……." "학부모님들 힘드실까 봐……." "부담스러워하실 것 같아서……."라는 변명이 돌아온다.

교육청에서 학부모를 대상으로 연수를 시행하고, 정책을 알리려 하고, 교육 3주체가 함께 참여하길 바라는 이유가 무엇일까? 교육정책의 성공적 시행이 아니겠는가? 이는 학교 구성원이 그 정책에 대해 얼마나 이해하고, 공감하며, 실천하려는 의지가 확고한지에 따라 좌우될 것이다. 그런데 공문을 선별적으로 안내한다는 것은 판단을 독점한 것이고, 정보를 독점한 것이다. 일례로 학교에서 제대로 안내하지 않아 학부모들이 학교를 넘어서 지역의 다른 학교와 교류하고, 전국단위의 네트워크를 만들 수 있는 기회를 빼앗아 버린 경우도 있었다.

학교, 교육청, 시청 등의 운영 전반에 궁금한 사항이 있으면 정보공개청구를 할 수 있다. 사이트(open.go.kr)에 접속해서 원하는 기관과 부서를 입력하면 정보를 제공받게 되어 있다. 얼마나 친절하고 고마운 일인가! 하지만 곧 알게 된다. 얼마나 폐쇄적이고 불친절한지를 말이다.

한 번이라도 정보공개청구를 해 봤던 사람은 알 수 있다. 학교 운영위원이 아닐 경우 쉽게 알 수 없고 이해되지 않는 학교 예산 편성이나, 학교의 각종 평가에 대한 안내와 설명을 알아보고자 관련 기관에 정보공개청구를 할 경우 교육청의 담당자로부터 전화를 받게 될 것이다.

"학부모님, 이 정보를 청구하신 이유가 뭔가요?"

"무슨 불만이 있으셔서 정보공개청구를 하신 건가요?"

담당자는 정보공개청구자가 마치 현장에 대한 불신이나 불만으로 그 행위를 한 것처럼 말한다. 때로는 정보공개청구 행위는 '학교 길들이기'

라는 공개적인 비난까지 받기도 한다. 정부가 현장을 길들이라고 세금 들여 사이트를 만들고 운영한다는 말인가? 개인정보의 무분별한 공개와 공유로 직접적인 당사자에게 치명적인 피해를 주는 정보공개의 범위가 아니라면, 정보는 공개·공유하여야 한다. 동등하지 않은 정보를 가진 주체끼리는 발전적인 논의가 불가능하다. '숨기는 자가 범인이다.'라는 말처럼, 물어도 공개하지 않고 시간을 끌고 회유하려 드는 것은 무언가 반드시 숨겨야만 하는 결정적인 잘못이 있어서가 아닌가 하는 의구심만 키운다.

한 지역의 초등학교에서는 학교가 올해 학부모회장에게 학부모들의 연락처를 공개하지 않아 공방 중이다. 학기 초 대부분 학교의 학부모회에서는 학부모 총회를 개최하면서 안내문을 내보내고, 동시에 1년 동안 학부모회 활동에 대한 안내를 제공받는 것에 동의하는 학부모에 한해 개인정보활용동의서를 받는다. 전교생의 학부모가 회원으로 있는 학부모회의 연간 행사를 안내받을지 말지의 여부를 학부모 스스로 선택케 하는 것이다. 그런데 이 학교의 경우 「개인정보 보호법」을 이유로 들며 학부모회장에게 그 정보를 제공하지 않고 있다. 개인정보활용동의서를 받았는데 개인정보를 보호해야 한다며 정보를 주지 않는 것은 명백한 정보 독점이다. 한술 더 떠서 학부모회장을 믿지 못하기 때문에 개인정보를 줄 수 없다고 했다니, 도대체 학부모회장을 학부모의 대표로 인정하는 것인지 강한 의구심이 든다. 이에 학부모회장은 답답하여 도움을 받고자 교육청에 문의했으나 별 소용이 없었다. 이 학교에서는 학교운영위원회의 안건을 교감이 삭제해 버리는 일이 벌어지기도 했다. 현재 학부모회장은 학교의 명확한 답변도 못 듣고, 교육청의 도움도 받지 못한 채 국민신문고를 두드려 놓은 상태이다. "학교에서, 특히 교감인 내가 다 알아서 학부모회 연수며 행사며 필요한 것들을 제공하고 있는데, 도대체 뭐가 불만이고 무슨 꿍꿍이로 학부모들의 개인정보를 집요하게 요구하느냐!"는 식의 접근은 학부모를 인격적으로 무시하고 짓밟는 행위이다.

교육정책에 대한 자세한 안내와 정보 제공이 없는 것도 학교자치를 위협한다. 경기도의 학부모회는 학부모회 활동을 위한 예산을 확보할 때 단위학교의 자체 예산, 지역 교육지원청의 학부모 학교참여 공모사업, 경기도교육청의 공모사업을 활용한다. 지난해에는 학교 자체 예산과 지역 교육지원청 공모사업을 통해 확보된 예산으로 한 해 살림을 하였다. 그런데 올해는 달랐다.

사실 다음 해의 학부모회 살림은 전년도 마지막 대의원회를 통해 대략적으로 나온다. 마지막 대의원회의 의결도 각 학급의 학부모회가 원활하게 운영되고, 학급 대표가 대의원회에 의견을 개진해 줘야 한다. 올초 학부모 총회가 있었고, 대의원회가 있었으며, 학부모회 임원 회의를 2개월에 한 차례씩 해 왔다. 그런데 진행되는 중간에 학부모회 담당교사가 올해 학부모회 공모사업을 지역 교육지원청이 아닌 도교육청 공모사업에 신청했다는 사실을 알게 되었다. 학부모회 공모사업을 학교에서 결정해 버린 것이다.

상식적으로 일에는 순서가 있는 것이 아닌가. 지난해를 되돌아보고 자체 평가도 해 본 뒤, 올해의 학부모회는 학교 자체 예산으로 충분한지, 지역 교육지원청 공모사업에 지원할 것인지, 아니면 올해 새롭게 시행하는 도교육청 공모사업에 지원할 것인지를 학부모회에서 충분하게 논의하고 결정하는 것이 마땅한 것 아닌가? 그 중요한 선택과 결정의 기회를 학교가 박탈해 버린 것이다. 학교를 탓하고자 하는 것이 아니다. 학부모회 담당교사를 비난하려는 것은 더더욱 아니다. 잘못된 판단이었고, 진정한 배려가 아니었음을 이야기하고, 다시는 이런 일이 일어나지 않기를 바라는 마음에서다.

학부모회장의 역할이 아주 중요한 지점이기도 하다. 학교자치와 학부모 자치력에 대한 이해가 부족한 가운데 좋은 게 좋은 거라는 안일함과 책임을 다하지 않는 행동은 학교의 모든 교육 주체를 힘들게 할 수도 있다. 학부모회장과 담당교사의 결정이었다고 해도 책무를 다하지 않았음을 알아야 한다.

학교는 학부모회와 관련된 공문을 즉시 학부모회에 공개·공유해야 한다. 공문을 확인한 후 필요할 경우 대의원회를 개최하고, 때로는 임시총회도 열 수 있다. 그런데 그 필요를 느끼고, 깨닫고, 생각할 기회를 박탈당하는 일이 적지 않다. 요즘 아이들은 의욕이 없고, 시키는 것 외에는 도전하려 들지 않으며, 심지어 대학 수강 신청도 엄마가 해 주는 지경이라고 개탄스러워한다. 혹자는 '결핍이 결핍된 상태'라고 표현하며,

부족함을 알고 난관이 있어 줘야 뚫고 나가고 싶어 할 텐데 그렇지 못하게 만든 어른들의 탓이 크다고 지적한다. 마찬가지로 학부모회는 정확한 정보를 제대로 제공받는다는 전제 아래, 이런저런 논의를 해 봐야 한다. 그 안에서 각자의 생각이 다르다는 것을 경험해야 한다. 때론 언성이 높아지기도 하고, 싸울 수도 있다. 싸우면서 자라는 게 아이들뿐인가? 여기서 싸움은 '배움의 기회', '성장의 기회'가 될 수 있다. 무엇이 그토록 두려워서 숨기려고만 하는가? 갈등을 숨기고, 과정을 숨겨서 도달하는 그 끝에는 도대체 무엇이 있길래.

학부모는 교육 주체로서의 역할을 스스로 정립해야 한다. 학부모만을 위한 목소리가 아닌, 학교공동체를 위한 건강하고 발전적인 목소리를 내야 한다. 연구하는 학부모회, 민주적인 학부모회, 토론하는 학부모회, 성장하는 학부모회가 되어 자정 능력을 길러야 한다. 학부모는 더 이상 계몽과 계도의 대상이 아니다. 나아가 분명한 교육의 주체로서 학부모 간 연대하고, 지역 간에 연대해야 한다. 각 주체 간의 연대와 화합을 도모해야 한다.

Q. 2018년 출간된 『학교자치 : 학교자치를 둘러싼 다양한 시선』과의 차
별점은 무엇인가요?

A. 지난 책에서는 학교자치의 핵심을 '교육과정 자치'로 제시하는 데 그
의미가 있었습니다. 또한 전작이 행복한 학교를 위한 학교자치에 대한
내부의 시선, 바람의 시선, 제도의 시선을 다루었다면, 이번 책에서는
교육자치와 혁신을 넘어 학교자치로 나아가는 흐름과 배경, 학교자치를
실행하기 위한 조직 운영, 교원 인사, 교육과정 등 구체적인 전략들에
대해 살펴볼 수 있습니다.

Q. 학교자치가 우리 교육 상황에서 현실적으로 가능한지 궁금합니다.

A. 일각에서는 학교에 '자치'라는 용어를 결합하는 것이 타당한지 의문

을 제기합니다. 현재 상황만 보자면, 교육에서 자치는 비전 아래서의 자치를 의미합니다. 예산권, 인사권 등이 부여된 것이 자치인데, 학교 안에서는 제한된 자치권이 보장될 뿐 온전한 자치는 어려운 부분이 있습니다. 구조적으로 완벽한 학교자치는 어렵지만, 학교자치의 비전을 제시하면서 학교민주주의 등 상징적인 학교자치를 이야기하자는 것입니다. 학교자치 관점에서 보면 교육의 많은 부분이 옛 패러다임이었고, 그것을 바꾸어 나가야 하는 길을 열어 주는 것이 필요합니다. 또한 사회가 변화하면서 학교자치가 가능한 구조가 차츰 마련될 것입니다. 이 책은 과거의 프레임을 깨고 학교에 상상력을 더하여, 이상으로서의 자치와 현실로서의 자치를 짚어 주면서 성찰과 반성의 지점을 제시해 주고 있습니다.

Q. 현재 학교자치는 어느 정도 실행되고 있나요?

A. 교육계에서 '학교자치'는 뜨거운 감자입니다. 시·도 교육청의 기본 계획과 부서 조직은 물론, 각종 토론회나 포럼 등에서 학교자치와 관련한 활발한 논의가 이루어지고 있습니다. 일부 시·도의 경우 「학교자치조례」 등 시·도별로 조례에 대한 준비와 실행도 이루어지고 있습니다. 교육부에서도 학교자치에 대한 초기 논의를 한 것으로 알고 있습니다. 하지만 학교 현장에서 체감할 수 있으려면 교육부와 교육청의 정책 실행 의지와 현장·학계·정치권 등 관계자의 더 많은 관심이 필요하고, 제대로 된 법·제도 마련에 힘써야 합니다.

Q. 학교 구성원은 학교자치를 원하고 있을까요?

A. 학교 구성원이 편한 타율을 원하는지, 험난하지만 의미 있는 자율을 원하는지 생각해 볼 필요가 있습니다. 피곤함을 기꺼이 감수하면서 의미를 찾겠다는 의지 없이 자치를 얻을 수는 없습니다. 또한 민주주의 원리를 구현하는 학교자치가 교사자치만을 의미하는 것은 아닙니다. 일례로 교사들은 학교장-교사, 교육청-교사 관계에서의 민주성을 요구합니다. 하지만 다른 한편에서는 교사-학생, 교사-학부모 관계에서의 민주성을 요구하고 있는 상황에서 학교자치를 둘러싼 다양한 교육 주체의 목소리에 귀 기울여야 합니다.

Q. 학교자치가 학교 간 편차를 심화시킬 수 있다는 우려가 있습니다.

A. 교육자치에 대한 논의는 일반행정자치에 대한 논의와 맥을 같이 합니다. 중앙행정기관에서 시·군·구, 읍·면·동으로 분권되는 것과 같은 구조입니다. 자치 분권을 통해 지역균형발전을 이루겠다는 것은 자치와 균형을 같이 사용하고 있지만 상충되는 부분도 있습니다. 하지만 우리는 그동안 중앙집권적 체제에서 교육의 한계를 경험했습니다. 과거 산업화 시대에 학교는 표준화된 노동자를 만들어 내는 역할을 했지만, 자율적 판단을 하는 창의적인 인재를 요구하는 미래사회에는 학교나 교사의 역할도 변해야 합니다. 무엇보다 학교자치가 이루어지면 교육정책의 하향식 전달 방식에서 자유로워질 수 있고, 지역화 교육과정이 잘 운영되어 교육의 전문성이 살아날 수 있습니다. 이는 궁극적으로 학생들

에게 긍정적인 영향을 미치게 될 것입니다.

Q. 학교자치를 갈망하는 분들이나 우려하는 분들에게 한마디 부탁 드립니다.

A. 아직 가지 않은 길이기에 학교자치의 구체적인 모습이 무엇인지 여전히 모호합니다. 하지만 다르게 생각하면 모두가 상상력을 발휘할 수 있다는 뜻이기도 합니다. 아무도 가 보지 않은 길이라 낯설겠지만, 교육 개혁과 혁신의 동력으로 우리 교육이 한 걸음 나아갈 수 있는 계기이기도 합니다.

전라북도 학교자치 조례
[시행 2019. 2. 1.] [전라북도조례 제4614호, 2019. 2. 1. 제정]

제1장 총칙

제1조(목적) 이 조례는 전라북도 학교교육의 주체들에게 학교 운영에 참여할 수 있는 권리와 권한을 보장함으로써 민주적인 학교공동체 실현과 건강한 배움과 성장의 학교문화를 조성하는 것을 목적으로 한다.

제2조(용어의 정의) 이 조례에서 사용하는 용어의 뜻은 다음과 같다.

1. "학교"란 「초·중등교육법」 제2조에 따른 초등학교, 중학교, 고등학교, 특수학교 및 「유아교육법」 제2조 제2호에 따른 유치원을 말한다.

2. "학생"이란 제1호의 학교에 다니고 있는 학습자를 말한다.

3. "학부모"란 학생의 부모, 후견인 또는 다른 법령의 규정에 따라 보호·감독자 등의 지위에서 취학하여야 할 아동 또는 학교의 학생에 대하여 실질적인 교육의 책임을 지고 있는 사람을 말한다.

4. "교직원"이란 「초·중등교육법」 제19조 및 「유아교육법」 제20조의 교원과 직원

을 말한다.

5. "학교교육의 주체"란 학생, 학부모 및 교직원을 말한다.

제3조(학교운영의 원칙) ① 학교의 장은 민주적인 학교문화의 조성을 위하여 학교교육의 주체가 학교의 의사결정에 참여할 수 있도록 보장하여야 한다.

② 학교의 장은 교사가 교육의 내용과 방법, 평가 등에 관하여 법령의 범위에서 판단하고 결정한 사항을 존중하여야 한다.

③ 학교의 장은 교직원의 권리를 보장하고, 부당한 지시나 요구로부터 권리가 침해되지 않도록 하여야 한다.

④ 학교의 장은 학부모와 학생이 학교에 제시한 의견을 신의성실의 원칙에 따라 처리하여야 한다.

제2장 자치기구

제4조(자치기구의 종류 등) ① 학교에는 자치기구로서 학생회, 학부모회, 교사회, 직원회를 둔다. 다만, 유치원, 통합학교, 소규모 학교 등의 자치기구 설치에 대한 예외 사항은 교육 규칙으로 정할 수 있다.

② 학교의 장은 자치기구의 자치권이 훼손되지 않도록 노력하여야 한다.

③ 학교의 장은 자치기구 운영에 필요한 예산을 편성·배분하여야 한다.

제5조(학생회) ① 학생회에는 학년별, 학과별, 학급별 학생회 및 그 대표로 조직되는 대의원회 등을 둘 수 있다.

② 학생회 정·부회장은 학생의 대표로서 학교운영위원회와 교무회의에 참석하여 의견을 제안할 수 있다.

③ 학생회는 다음 각 호의 사항을 심의한다.

1. 학생자치활동에 관한 사항

2. 학생자치활동 예산 편성에 관한 사항

3. 학생 동아리활동에 관한 사항

4. 학생의 학교생활에 밀접하게 관련된 사항에 대하여 학생들의 의견 수렴 및 교무회의와 학교운영위원회에 제안할 사항

5. 학생회칙의 제·개정에 관한 사항

6. 그 밖에 학교의 장에게 건의할 사항

④ 학생회의 구성·운영 등에 관한 사항은 학생회칙으로 정한다.

⑤ 학생회는 그 결정사항을 모든 학생에게 알려야 한다.

⑥ 교직원과 학부모는 학생회의 의사결정에 부당한 영향을 주는 행위를 하여서는 아니된다.

제6조(학부모회) 학부모회는 「전라북도교육청 학교 학부모회 설치·운영에 관한 조례」에 따라 설치·운영한다.

제7조(교사회) ① 교사회에는 학년별, 교과별 협의회 등을 둘 수 있다.

② 교사회는 다음 각 호의 사항을 심의한다.

1. 교사들의 의견을 수렴하여 교무회의나 학교운영위원회에 제안할 사항

2. 교사 동아리 활동에 관한 사항

3. 교사들의 자체 연수활동에 관한 사항

4. 교사회칙의 제·개정에 관한 사항

5. 각 학년별, 교과별 협의 사항

6. 그 밖에 교사 상호 간의 원활한 의사소통을 위하여 필요한 사항

③ 교사회의 구성·운영 등에 관한 사항은 교사회칙으로 정한다.

제8조(직원회) ① 직원회는 다음 각 호의 사항을 심의한다.

1. 직원들의 의견을 수렴하여 교무회의나 학교운영위원회에 제안할 사항

2. 직원 동아리활동에 관한 사항

3. 직원 자체 연수활동에 관한 사항

4. 직원회칙의 제 · 개정에 관한 사항

5. 그 밖에 직원 상호 간의 원활한 의사소통을 위하여 필요한 사항

② 직원회의 구성 · 운영 등에 관한 사항은 직원회칙으로 정한다.

제3장 교무회의

제9조(교무회의의 설치 · 구성 등) ① 학교에는 교직원 회의기구로서 교무회의(校務會議)를 둔다.

② 교무회의의 참석 범위는 학교별 여건에 따라 정할 수 있다.

③ 교무회의는 학교의 장이 소집하며, 정기회의와 임시회의로 구분한다.

④ 정기회의는 학기 중 월 1회 실시하고, 임시회의는 학교의 장 또는 교직원 4분의 1 이상의 소집 요청이 있는 경우 실시한다.

⑤ 학교의 장은 교무회의를 주재하고, 사무 처리를 위해 소속 교직원 중에서 간사를 임명한다.

제10조(교무회의의 기능) 교무회의는 다음 각 호의 사항을 심의한다.

1. 학교 규칙의 제 · 개정, 교무회의 운영규정의 제 · 개정, 학교 교육과정과 이에 소요되는 예산에 관한 사항

2. 학교운영위원회에 부칠 교무 안건에 관한 사항

3. 학교 운영과 관련한 교직원의 제안 사항

4. 학교 내 각종 위원회 구성에 관한 사항

5. 자치기구에서 심의한 사항 중 전체 교직원의 의견 수렴이 필요한 사항

6. 그 밖에 학교의 장이 필요하다고 인정하는 사항

제11조(교무회의의 운영원칙 등) ① 교무회의는 교직원 각 구성원의 의견을 충분히 존중하고, 소통과 상호협력에 기초한 민주적인 방법과 회의의 일반원칙에 따라 운영하도록 한다.

② 학교의 장은 교무회의가 민주적으로 운영될 수 있도록 교무회의 운영 규정을 제정한다.

③ 학교의 장은 교무회의의 심의 결과에 대하여 특별한 사유가 없을 때에는 이를 받아들인다. 다만, 학교의 장은 교무회의의 심의 결과에 이의가 있을 때 교무회의에 재논의를 요구할 수 있으며, 재논의의 절차 및 의사결정에 관한 사항 등은 교무회의 운영 규정으로 정한다.

제4장 보칙

제12조(학교자치 지원) 교육감은 매년 학교의 민주적 운영 실태에 관한 조사를 실시하여 전라북도교육청 운영 계획에 반영하고, 그 개선을 위하여 적절한 조치를 취한다.

제13조(시행규칙) 이 조례의 시행에 필요한 사항은 교육 규칙으로 정한다.

부칙

제1조(시행일) 이 조례는 공포한 날부터 시행한다.

제2조(경과규정) 이 조례 시행 당시 구성된 학생회, 학부모회, 교사회, 직원회, 교무회의는 이 조례에 따라 구성된 것으로 본다.

전라북도 학교자치 조례 시행규칙

[시행 2019. 9. 18.] [전라북도교육규칙 제835호, 2019. 9. 18., 제정]

제1조(목적) 이 규칙은 「전라북도 학교자치 조례」에서 위임된 사항과 그 시행에 필요한 사항을 규정함을 목적으로 한다.

제2조(자치기구 회칙) 자치기구는 다음 각 호의 사항을 규정한 회칙을 작성하여야 한다.

1. 목적

2. 명칭

3. 회원의 자격에 관한 사항

4. 임원의 구성 및 직무에 관한 사항

5. 회의의 기능, 소집, 의결정족수, 회의록 등 운영에 관한 사항

6. 회칙의 개정에 관한 사항

7. 그 밖에 자치기구 구성 및 운영에 필요한 사항

제3조(자료 제출) ① 자치기구의 대표는 다음의 서류를 매년 3월 말일까지 학교의

장에게 제출하여야 한다.

1. 회칙

2. 임원 명단

② 학교의 장은 자치기구의 현황 파악을 위하여 자치기구의 대표에게 관련 자료의 제출을 요구할 수 있고, 자치기구의 대표는 특별한 사정이 없으면 요구를 받은 날부터 10일 이내에 제출하여야 한다.

제4조(학생회 설치의 예외) ① 유치원에는 학생회를 두지 아니한다.

② 학생 수가 10명 이하인 학교의 경우 학생회를 두지 않을 수 있다.

③ 통합학교의 장은 학교 여건에 따라 학생회를 통합하여 설치할 수 있다.

④ 제2항과 제3항의 경우 학생의 의견을 수렴하여 결정하여야 한다.

제5조(교사회 설치의 예외) ① 학교의 장은 병설 유치원의 교사회를 초등학교 교사회와 통합하여 설치할 수 있다.

② 통합학교의 장은 학교 급별로 교사회를 통합하여 설치할 수 있다.

③ 제1항과 제2항에 따라 통합하는 경우 소속 교사들의 의견을 수렴하여 설치 여부를 결정하여야 한다.

제6조(교무회의 설치의 예외) ① 학교의 장은 병설유치원과 초등학교의 교무회의를 통합하여 운영할 수 있다.

② 통합학교의 장은 교무회의를 통합하여 운영할 수 있다.

③ 제1항과 제2항에 따라 통합하여 운영하는 경우 소속 교직원들의 의견을 수렴하여야 한다.

제7조(교무회의 운영 규정) 교무회의 운영 규정에는 다음 각 호의 사항을 포함한다.

1. 목적

2. 명칭

3. 회원의 자격에 관한 사항

4. 임원의 구성 및 직무에 관한 사항

5. 회의의 기능, 소집, 의결정족수, 회의록 등 운영에 관한 사항

6. 운영 규정의 개정에 관한 사항

7. 그 밖에 교무회의 운영에 필요한 사항

제8조(교무회의 운영) ① 교무회의는 소수의 의견도 존중하는 회의 문화를 조성하기 위하여 토론과 협의 등을 통하여 운영한다.

② 학교의 장이 회의를 소집하고자 할 때에는 회의 개최 3일 전까지 회의 소집 일정을 공지한다. 다만, 긴급하거나 부득이한 사유가 있는 경우에는 회의 개최 전 날까지 공지할 수 있다.

③ 학교의 장은 교무회의가 끝난 후 회의 결과를 교직원에게 알려야 한다.

제9조(운영 세칙) 이 규칙에서 규정한 사항 외에 운영에 필요한 사항은 자치기구 및 교무회의의 심의를 거쳐 학교의 장이 정한다.

부칙 〈제835호, 2019.9.18〉

제1조 (시행일) 이 규칙은 공포한 날부터 시행한다.

광주광역시 학교자치에 관한 조례

[시행 2019. 3. 1.] [광주광역시조례 제5149호, 2019. 1. 1., 제정]

제1조(목적) 이 조례는 학생, 학부모, 교직원이 학교 운영에 참여할 권리를 보장하여 민주적인 학교공동체를 실현하고, 소통, 배움과 성장이 있는 학교문화를 조성하는 것을 목적으로 한다.

제2조(용어의 정의) 이 조례에서 사용하는 용어의 뜻은 다음과 같다.

1. "학교"란 「초·중등교육법」 제2조 및 「유아교육법」 제2조 제2호에 따라 광주광역시에 소재한 학교 및 유치원을 말한다.

2. "학생"이란 학교에 다니고 있는 학습자를 말한다.

3. "학부모"란 부모, 후견인 또는 다른 법령의 규정에 따라 보호·감독자 등의 지위에서 학생에 대하여 실질적인 교육의 책임을 지고 있는 사람을 말한다.

4. "교원"이란 「초·중등교육법」 제19조 제1항 및 「유아교육법」 제20조 제1항에 따른 교원을 말한다.

5. "교사"란 제4호에 따른 교원 중 교장과 교감, 원장과 원감을 제외한 수석교사 및

교사를 말한다.

6. "직원"이란 「초·중등교육법」 제19조 제2항 및 「유아교육법」 제20조 제2항에 따른 직원과 「광주광역시교육청 교육공무직원의 채용 및 관리 조례」 제2조 제3호에 따른 교육공무직원을 말한다.

7. "교직원"이란 제4호 및 제6호에 따른 교원과 직원을 말한다.

제3조(학교 운영의 원칙) ① 광주광역시교육감(이하 "교육감"이라 한다)과 광주광역시교육청 관내 학교의 교장 및 원장(이하 "학교장"이라 한다)은 「교육기본법」 제9조 제3항에서 규정하고 있는 학교교육의 방법과 목표를 준수하여 학교를 운영하여야 한다.

② 교육감과 학교장은 「교육기본법」 제12조부터 제14조까지의 규정에 따라 학교의 운영 과정에서 다음 각 호를 준수하여야 한다.

1. 교육감과 학교장은 법령의 범위 안에서 교사가 판단하고 결정한 교육의 내용, 방법 및 평가 등에 관한 사항을 존중하여야 한다.

2. 교육감과 학교장은 학생, 학부모, 교사 및 직원이 학교의 의사결정 과정에 참여하도록 보장하여야 하며, 성별, 종교, 나이, 신체 조건, 경제적 여건, 학업 성적 등을 이유로 차별하여서는 아니된다.

3. 교육감과 학교장은 학생과 교사의 교수·학습 활동을 지원하여야 하며, 이를 위하여 교수·학습 활동에 대한 예산을 배정하여야 한다.

4. 학생은 학교 운영 전반에 관하여 학교에 의견을 제시할 수 있으며, 교육감과 학교장은 그 의견을 존중하여야 한다.

5. 학부모는 학생 교육에 관하여 학교에 의견을 제시할 수 있으며, 교육감과 학교장은 그 의견을 존중하여야 한다.

③ 학생, 학부모, 교직원이 학교 운영에 참여할 때에는 민주적인 학교공동체 실현을 위해 서로 신뢰하고 존중하여야 한다.

제4조(자치기구의 구성 등) ① 학교에는 자치기구로 학생회, 학부모회, 교직원회를 둔다. 다만, 유치원은 학생회를 두지 아니한다.

② 교육감과 학교장은 자치기구의 자치권이 훼손되지 않도록 노력하여야 한다.

③ 교육감과 학교장은 학생의 자치활동이 교직원과 학부모의 부당한 간섭을 받지 않도록 조치하여야 한다.

④ 각 자치기구의 제안과 의견 등의 조정을 위하여 학교자치회의를 구성·운영한다.

제5조(학생회) ① 학교에는 전체 학생으로 구성하는 학생회를 둔다.

② 학생회에는 학년별·학과별·학급별 학생회와 각 학생회의 대표로 조직되는 대의원회 등을 둘 수 있다.

③ 학생회는 다음 각 호의 사항을 협의한다.

1. 학생인권 및 복지, 자치활동 등 학생의 학교생활에 관한 제반 사항

2. 학생회칙 제정·개정에 관한 사항

3. 학생의 학교생활과 직접·간접적으로 관련된 학교 규칙 제정·개정 등 학교 운영위원회에 제출할 안건에 관한 사항

4. 학생회 예산 편성, 집행 및 결산에 관한 사항

5. 그 밖의 학교장 또는 학교자치회의에 부의할 사항

④ 학생회 운영에 관한 사항은 회칙으로 정한다.

⑤ 학생회는 결정 사항을 지체 없이 전체 학생에게 공지하여야 한다.

⑥ 학생회의 임원은 민주적인 절차에 따라 구성한다.

⑦ 교직원 및 학부모는 학생회의 의사결정에 영향을 주는 부적절한 행위를 하여서는 아니된다.

⑧ 학생회는 전교학생회의를 개최할 수 있으며, 필요한 경우 학교장과 간담회를 가질 수 있다.

제6조(학부모회) ① 학교에는 학부모로 구성하는 학부모회를 둔다.

② 학부모회 구성 및 운영에 관한 사항은 「광주광역시교육청 학교 학부모회 설치·운영에 관한 조례」에 따른다.

제7조(교직원회) ① 학교에는 교직원으로 구성하는 교직원회를 둔다.

② 교직원회에는 교원으로 구성하는 교원회, 직원으로 구성하는 직원회, 학년별·교과별·직원통합 협의회 등을 둘 수 있다.

③ 교직원회는 다음 각 호의 사항을 협의한다.

1. 교직원 복지와 자치활동과 관련한 제반 사항

2. 교직원회칙 제정·개정에 관한 사항

3. 교직원 자체 연수 활동에 관한 사항

4. 학교운영위원회에 제출할 학교규칙 제정·개정, 교육과정 운영 계획, 학교회계 예산·결산 등 주요 안건에 관한 사항

5. 그 밖의 학교자치회의에 부의할 사항

④ 교직원회 운영에 관한 사항은 회칙으로 정한다.

⑤ 교직원회는 결정 사항을 지체 없이 전체 교직원에게 공지하여야 한다.

⑥ 교직원회의 임원은 민주적인 절차에 따라 구성한다.

제8조(학교자치회의) ① 제4조 제4항에 따라 학교자치회의는 학생회·학부모회·교직원회 각 자치기구별 임원 2명과 학교장으로 구성하여 운영한다.

② 학교자치회의는 다음 각 호의 사항을 협의 조정한다.

1. 제4조의 자치기구 간 의견 종합에 관한 사항

2. 제4조의 자치기구 간 분쟁 조정에 관한 사항

③ 학교자치회의는 학교장이 민주적인 절차에 따라 운영한다.

④ 학교자치회의는 학교장 또는 제4조의 자치기구 대표가 요청하는 경우 소집한다.

제9조(학부모의 교육선택권 존중) 학교는 정규교육과정 이외의 학습 과정에 대한 학부모의 교육선택권을 존중하여야 한다.

제10조(예산지원 등) 교육감과 학교장은 제4조의 자치기구 운영 및 사업에 필요한 예산을 지원할 수 있다.

제11조(위임 규정) 이 조례에서 규정하지 아니한 학교자치에 관한 사항은 필요한 경우 학교의 규정으로 정한다.

부칙〈제5149호, 2018.1.1〉

제1조 (시행일) 이 조례는 2019년 3월 1일부터 시행한다.

제2조 (경과규정) 이 조례 시행 당시 구성된 학생회, 학부모회, 교직원회는 이 조례에 따라 구성된 것으로 본다.

| 참고문헌 |

교육자치와 지방자치 그리고 학교자치

김영철(2011), 고등교육 진학 단계에서의 기회 · 형평성 제고 방안, KDI

모든 이를 위한, 모든 학생을 위한 학교자치

고전(2017), 한국의 지방교육 자치 입법정신에 관한 교육법학적 논의, 교육법학, 29(1), pp.1~30.

김찬동 · 최진혁(2016), 교육 자치의 제도 개혁 방향 – 교육행정기관 구성을 중심으로, 지방정부연구, 20(2), pp.393~414.

신현직(2003), 교육법과 교육기본권, 청년사

백종섭(1999), 학교자치의 활성화 방안, 지방행정연구, 13(1), pp.68~88.

이돈희(1992), 교육정의론, 고려원

이돈희 외,(1994), 학교공동체의 협동 체제 개선에 관한 연구, 중앙교육심의회 교육이념분과

이영희 · 이수광 · 백병부 · 윤지현 · 김영순 · 홍섭근 · 임재일(2018), 유 · 초 · 중등교육 분야 미래교육 비전 및 교육 개혁 방향, 대통령직속 국가교육회의

Mill, J. S. (1859), On Liberty, Batoche Books, Kitchener.

Freire. P. (1985), The Politics of Education, D. Macedo, trans, Massachussetts: Bergin & Garvey Publisher, Inc.

학교자치 시대의 학교 체제에 대한 전망

김혁동 · 임현화 · 김인엽 · 정승환 · 하병수(2018a), 지방분권화시대의 단위학교자치 구현 방안, 경기도교육연구원

김혁동 · 김진희 · 황유진(2018b), 학교자치 구현을 위한 규제적 지침 정비 방안, 경기도교육연구원

박세훈(2000), 단위학교 책임경영제의 조건과 성과에 관한 연구, 교육행정학연구, 18(4), pp.33~68.

이동엽 · 허주 · 최원석 · 이희현 · 김혜진 · 함승환 · 함은혜(2018), 한국 교사의 자기 효능감은 왜 낮은가?(TALS 2주기 결과를 중심으로), 이슈페이퍼 IP 2018-03, 한국 교육개발원

임소현 · 박병영 · 한준성 · 허은정 · 백승주(2018), 한국교육개발원 교육여론조사 (KEDI POLL 2018), 연구보고 RR 2018-03.

전성은 · 이재강(2014), 왜 교육정책은 역사를 불행하게 하는가. ㈜메디치미디어

2018 OECD 교육지표(Education at a Glance 2018)

Hall, G. & Hord, S.(2013), Implementing change : Pattern, Principal, and Potholes. PEARSON.

Hargreaves, A. & Fullan, M.(2012), Professional Capital: Transforming teaching in every school. New York : Teachers College Press.

Hargreaves, A. & Shirley(2012), Fourth Way : The inspiring future for educational change. A JOINT PUBLICATION COWIN.

학교자치를 향한 교육지원청의 제도적 개혁 필요성과 대안
교육부(2016), 보도자료「소규모 교육지원청 조직 효율화 추진계획」발표, 2016년 6월 1일
연합뉴스, 학생 수 3천 명 미만 소규모 교육지원청 통폐합 유도, 2016년 6월 1일
노컷뉴스, 경남교육청 "소규모 교육지원청 통폐합 반대", 2016년 6월 2일
뉴스원, 강원시장·군수協, '소규모 학교·교육지원청 통폐합' 반대, 2016년 6월 15일
파이낸셜뉴스, 소규모 교육지원청 통폐합 논란, 교육지원센터 '역할' 주목, 2016년 6월 14일
뉴스원, [마을이 사라진다 ①] 재앙으로 다가온 '인구 소멸', 지자체 '비상', 2017년 9월 30일
경남도민일보, 인구·재정 소멸 직전, 지방자치 존폐 기로에 서다, 2017년 3월 15일
정부조직법 [시행 2018. 6. 8.] [법률 제15624호, 2018. 6. 8., 일부개정]
지방교육자치에 관한 법률 [시행 2018. 1. 1.] [법률 제11212호, 2012. 1. 26., 타법개정]
강원도교육감 행정권한 위임 조례시행 [2019. 3. 1.] [강원도조례 제4334호, 2018. 12. 28., 전부개정]
지방교육자치에 관한 법률 시행령 [시행 2017. 6. 14.] [대통령령 제27667호, 2016. 12. 13., 일부개정]
지방교육행정기관의 행정기구와 정원기준 등에 관한 규정 [시행 2018. 2. 27.] [대통령령 제28679호, 2018. 2. 27., 일부개정]
황준성 외(2011), 교육지원청의 기능 개편 안정화 방안 연구, 한국교육개발원

김성열(2009), 교육과정과 교원 인사정책의 탄력적 운영을 통한 학교교육의 자율화, 교육정책네트워크

박수정·나민주(2014), 교육지원청 개편에 대한 정책집행자의 대응과 인식, 교육정치학연구 제21집 제4호. pp.1~25

오재길 외(2015), 교육지원청 혁신 방안 연구, 경기도교육연구원

서울특별시교육청(2019), 학교통합지원센터 이용 안내(학교 안내용)

뉴시스, 교사 85% 학교통합지원센터 몰라, 구체적 홍보 계획 필요, 2019년 7월 10일

오재길 외(2015), 교육지원청 혁신 방안 연구, 경기도교육연구원

박혜진 외(2018), 교육지원청 체제 개편 방안 연구: 학교지원 강화를 중심으로, 경기도교육연구원

교사 교육과정 등장과 교육과정 자치력 탄생

공미라 외(2009), 세계사 개념사전, 아울북

연합뉴스, 출생아 36개월째 최소기록… 1분기 출생아·결혼 역대 최소, 2019년 5월 29일

통계청(2019), 2019년 3월 인구 동향

중앙일보, '벚꽃 피는 순으로 망한다' 수험생 절벽에 지방대 위기, 2019년 5월 2일

조선일보, 벚꽃 피는 순서대로 대학 망하는 건 옛말, 한 번에 우르르 무너질 것, 2019년 5월 24일

중앙일보, 2030년 대학 절반이 사라진다… 한국 대학 몰락 피하려면, 2018년 1월 17일

나현주·김성천·임재일(2018), 경기혁신교육 3.0 개념 정립 연구, 경기도교육연구원.

김기수·김위정·박혜진·김아미·김혜정·김성기·김승보·임재일(2018), 경기미

래교육 비전 2030, 경기도교육청

KBS, 오늘 미래를 만나다, 미래학자 토머스 프레이의 미래혁명, 2015년 4월 26일

손민호·박제윤·진동섭·조현영·박운재(2017), 교육과정 분권화에 따른 지역 교육과정 추진 방안 연구, 경기도교육청 학교교육과정정책과, p.87

경기도교육청(2017), 경기교육 발전계획 2017-2022, p.24

경기도교육청(2018), 2018 초등 교육과정 정책 포럼 : 교사는 전문가입니까?, 교육과정정책과.

정기오(2009), 국가교육과정의 법적 성격 지위 및 기능에 관한 연구, 교육법학연구, 21(2). pp.275~298

정광순(2012), 교사의 교육과정에 대한 문해력, 통합교육과정연구, 6(2), pp.109~132

서명석(2016), C&I : 교육과정과 수업의 탈주선, 책인숲

허영주(2011), 교사 상상력의 교육과정적 함의, 교육과정연구, 29(1), p.146

성열관·이민정(2009), 교육과정 일치도 및 콘텐츠 맵의 유용성과 비판적 활용 방안, 교육과정연구, 27(3), p.75

김소영·김두정(2018), 학교교육과정 실행 기준과 인식에 관한 연구, 한국교육, 45(4). pp.255~272

존 호킨스(2013), 김혜진 역, 창조 경제, FKI미디어

Hargreaves A. & Shirley. D.(2015). 학교교육 제4의 길 1, 21세기 교육연구소(원저 2009 출간)

교원 지방직화의 도입 필요성, 쟁점과 과제
홍섭근(2019), 교사 불신, 테크빌교육

231

고교학점제로 실현하는 학교자치

KAIST 문술미래전략대학원(2017), 대한민국 국가미래전략, 이콘

경제용어사전(2019), 한국경제신문사

교육부(2017), 고교학점제 추진 방향 및 연구학교 운영 계획(안)

교육부(2018), 제4차 평생교육진흥기본계획

김용현 · 김종표(2015), 평생교육론-평생학습과 열린 학습사회, 양서원

김인엽 외(2016), NCS 기반 교육과정과 연계한 국가기술자격 교육 · 훈련과정 개편 방안 연구, 한국직업능력개발원

김인엽 외(2016), NCS기반 고교직업교육과정 적용을 위한 교원 관련 법제 개선 방안, 한국직업능력개발원

김인엽 외(2017), 중장년의 일과 학습에 관한 연구, 한국직업능력개발원

김인엽(2019), 고교학점제의 길을 찾다(고교학점제 의미와 과제) 토론문, 국회의원 우원식 · 신경민 외.

김인엽 · 김진희 외(2018), 미래교육이 시작되다, 테크빌교육

김태은(2019), 왜 기초학력을 갖추지 못하는가?, 교육정책포럼 제313호.

Lakoff, G., &Johnson, M.(2006), 노양진 외 역, 삶으로서의 은유(수정판), 박이정

대통령직속 국가교육회의(2018), 국가교육회의 1주기백서

성태제 · 강대중 외(2014), 최신교육학개론, 학지사

유시민(2018), 국가란 무엇인가(개정신판), 돌베개

이무근(2006), 직업교육학원론 제3판, 교육과학사

학부모와 학교자치

김성천 외(2019), 학교자치, 테크빌교육